Couvertures supérieure et inférieure manquantes.

A TRAVERS
LE PAYS D'AUGE

Paris. — Imp. PAUL DUPONT, 4, rue du Bouloi (Cl.) 32.8.89

HENRI VUAGNEUX

A TRAVERS
LE PAYS D'AUGE

PARIS

E. DENTU, ÉDITEUR
LIBRAIRE DE LA SOCIÉTÉ DES GENS DE LETTRES
3, PLACE DE VALOIS (PALAIS-ROYAL)

1889

Droits de traduction et de reproduction réservés

A MON AMI

MAURICE LEFÈVRE

Henri Vuagneux

A TRAVERS
LE PAYS D'AUGE

PREMIÈRE PARTIE

I

8 juin 1887.

Dans cette longue vallée coupée par la Touques, partout, à droite, à gauche, devant et derrière soi, aussi loin que peut se porter la vue, les châteaux, comme en un merveilleux décor de féerie, agrémentent la suite non interrompue des coteaux parsemés de fermes enguirlandées et d'herbages teintés.

Sous les pommiers et les poiriers épanouis, les vaches, aux attitudes diverses, broutent ou se reposent, satisfaites du calme régnant autour d'elles et laissant à l'aise, à travers les prairies et les vallons encadrés de haies bien taillées, serpenter les cours d'eau bordés d'arbres hauts et droits, que le gui, par touffes, enjolive à la cime. Ni les piétons sur les passerelles, ni les chutes d'eau sous les écluses, ni la roue de moulin qui tourne, ni les poules becquetant le sol au milieu d'eux, ne parviennent à troubler la fixité du regard de ces animaux, semblant fiers d'être Normands et paraissant avoir conscience des richesses que leur présence fait amasser dans ce beau coin de France.

***

Voici Lisieux, la ville aux cent cheminées dont un mauvais sort, un jour, éteignit les foyers. Quel étonnant panorama est celui de ses maisons étagées au versant de collines fleuries !

Il faudrait transcrire ici toute l'histoire de la Normandie, pour rappeler les faits auxquels cette ville servit de théâtre.

Tour à tour y sont les Gaulois, les Romains, les Saxons, les Francs, les Normands, Rollon, puis, avant d'être un des derniers asiles de la Ligue, Lisieux est saccagée par les guerres de religion.

Au xve siècle, le bûcher sévissait là avec une ardeur impitoyable.

Le dimanche 12 juillet 1463, trois hérétiques condamnés par le pape furent brûlés vifs, entre le faubourg Saint-Désir et la ferme connue sous le nom des « Belles-Croix », sur la route qui conduit à la commune de La Pommeraye-en-Auge. Parmi ces infortunés, se trouvait une femme, Catherine Le Bourguignon Catalend ; les autres étaient Jean Le Prieur et Jean Hébert. Tous trois étaient accusés *d'avoir adoré un bouc noir et de l'avoir embrassé à la lueur des flambeaux*. Il fut de plus déclaré constant que la femme Le Bourguignon avait livré au démon son enfant nouveau-né et qu'elle avait vécu pendant dix-huit ans avec un juif nommé Valentin. Des rumeurs populaires accusaient Hébert et Le Prieur d'égorger les enfants dont ils mangeaient les chairs, conservant le cœur et la cervelle pour commettre des maléfices.

Il faut croire toutefois qu'en ce qui concernait les délits, les persécutions religieuses n'entravèrent point à Lisieux le cours de la justice, car, en 1523, une fille, Emine Leboulanger, convaincue d'avoir jeté son enfant dans la rivière, par-dessus le pont Bouillon, fut décapitée ; sa tête fut placée sur un pivot fixé au pont et le corps y fut brûlé.

Julien Drouet, ayant volé une bourse dans une église, fut condamné, en 1524, à être fustigé pendant trois jours de marché, puis se vit couper une oreille et reconduit, la corde au cou, hors du royaume.

Était-ce pour prendre leur revanche que les « hérétiques », conduits par Guillaume de Hautemer, pillèrent au xvi° siècle la cathédrale de la ville? Dans sa fureur, Fervacques fit ouvrir le Chapitre, où se trouvait déposée la châsse de saint Ursin, revêtue d'une lame d'argent doré enrichie de pierres précieuses et ornée de bas-reliefs représentant les apôtres ; là, trois sacs de cuir de cerf, munis du sceau de l'évêque de Lisieux,

Mgr d'Estouville, renfermaient des ossements; le sire de Hautemer coupa lui-même, du tranchant de son épée, les cordes qui liaient ces sacs et, voyant leur contenu, dit plaisamment : « Ce sont des os de cheval. »

Il avait auparavant fait fouetter, aux carrefours de la ville, deux malades venus pour implorer le secours du saint.

Plus tard, au commencement du XVIIe siècle, ses propres cendres vinrent prendre place dans le caveau de la cathédrale ; mais, profanées en 1793, elles furent portées au cimetière commun, en même temps que celles des évêques, dont on avait troublé la sépulture.

Jean V le Hennuyer, dont une des places de Lisieux porte encore le nom, sauva les protestants de la ville, lors du massacre de la Saint-Barthélemy, en 1572.

Un usage lexovien, dont l'origine est inconnue, quoiqu'il soit approuvé par une charte de Henri III, donnée à Paris au mois d'août 1576, consistait à tirer de l'arquebuse sur un oiseau de bois appelé « papeguai ». Le tireur assez adroit pour abattre l'emblème, *pourvu*, disait la charte, *que l'arquebuse dont il se sera servi, soit bien à lui et qu'il ne l'ait pas empruntée*, pouvait vendre au détail, pendant un an, soixante tonneaux de cidre sans payer de droits; il était en outre exempt de toute espèce d'impôts pendant le même laps de temps et pouvait, sans permission aucune et quand la chose lui semblait loisible, faire battre le tambour pour assembler les arquebusiers.

Cette prérogative, accordée à la ville de Lisieux, eut peut-être le don de pousser ses ouvriers au perfectionnement des armes de tir, car ce fut un de ses enfants, Jean Marin, qui inventa le fusil à vent, dont les premiers essais furent faits en 1608, en présence de Henri IV.

Jean Marin mourut dans sa ville natale, le 28 avril 1617.

*
* *

En sortant de Lisieux par les faubourgs, l'enchantement se continue; ici c'est un village, plus loin c'en est un autre; celui-ci bâti en amphithéâtre celui-là, entouré de larges sentes bien blanches, zigzaguant au travers de prairies vert tendre, émaillées de rose et de blanc et formant une ligne de continuité avec les taillis qui s'étendent jusqu'aux monticules dominant Crève-Cœur, ce coquet petit bourg digne des plus beaux sites de la Hollande.

Mesnil-Mauger et son immense quai d'embarquement pour les bestiaux apparaissent; les routes nombreuses y aboutissant, sont protégées de piquets de bois donnant, au loin, l'illusion de factionnaires échelonnés.

Puis c'est Mézidon, le pays du lin, au sortir duquel les champs, inégalement divisés le long des collines, ressemblent aux coteaux de la Champagne.

Moult-Argences, où les marronniers et les lilas, par leur note printanière, font vis-à-vis à cette vaste forêt de jeunes pins, symétriquement émondés et plantés en allées droites et élégantes.

A Frenouville-Cagny, le spectacle change; c'est l'immense plaine sur laquelle tous les corps d'armée d'Europe pourraient se mouvoir à l'aise. Les champs de blé, de colza et d'avoine s'y succèdent sans interruption; partout règne la tranquillité la plus parfaite. Par-ci, par-là, quelques enclos murés et sans verdure, ont pris l'aspect de tombeaux de marabouts. La ligne noire des futaies s'aperçoit à peine, et si grand est le calme qui entoure les villages faisant saillie sur la surface plane, qu'ils semblent inhabités. Nul autre endroit que celui-ci, n'eût pu mieux inspirer l'auteur de l'*Angelus*.

Voici Caen et ses basiliques aux clochers élancés comme des minarets de mosquée. Parmi elles, le vieux Saint-Étienne vaut à lui seul, pour le curieux avide de jouissances artistiques, un trajet dix fois plus long que celui de Paris au chef-lieu du Calvados. Il est à désirer qu'il se trouve là un continuateur de l'œuvre entreprise par M. Ruprich Robert, dont les démarches incessantes pour la restauration de ce chef-d'œuvre d'architecture gothique, classé au premier rang parmi les monuments historiques de France, ouvert à tous les vents depuis 1793 et servant aujourd'hui de magasin d'entrepôt aux ouvriers de la ville, allaient être couronnées de succès, quand la mort vint frapper à sa porte.

Construite au IXe siècle par les moines de Saint-Benoît, dont le couvent s'élevait à côté, la vieille église de Saint-Étienne fut terminée dans le style ogival au commencement du xii° siècle.

C'est là que, dans la partie primitivement achevée, Guillaume le Conquérant entendit la messe avant son départ pour l'Angleterre.

Longeant un des côtés extérieurs du monument, une faible partie du mur d'enceinte de la ville, datant de cette époque, existe encore. Ce fragment d'au moins deux mètres d'épaisseur et que les siècles amoncelés n'ont pu détruire, est fait de blocs énormes et d'un béton si dur que, pour le renverser, la mine même serait impuissante.

Le fronton qui se trouve au-dessus de la rosace surmontant le ravissant portail principal de l'église, dont les marches d'entrée, comme à Notre-Dame de Paris, sont aujourd'hui enfouies sous terre, est criblé de trous percés par les biscaïens des soldats de Henri V, quand, en 1417, il reprit la Normandie et mit fin par là à la guerre de Cent Ans.

En entrant se voit encore, et pour ainsi dire intacte, la merveilleuse petite frise qu'y fit placer le roi d'Angleterre, en témoignage des hommages reçus à la suite de sa conquête. Les balcons sont fouillés si finement qu'on les croirait faits de dentelles; le plafond de la grande nef, non cintré, est supporté par des nervures de pierre dont les axes, inégaux de distance, suppriment la ligne droite et font arriver le regard, en partant du point central, à un des angles du vaste couloir; les chapelles, dont aucune des voussures n'est dans la même proportion ni la même position et dont tous les triangles et les compartiments sont irréguliers et de différentes grandeurs; les pendentifs, aux motifs tous variés; les croisées, chefs-d'œuvre du plus pur dessin gothique. Devant le maître-autel, une chapelle aux côtés dissemblables est surmontée d'une

coupole octogone du plus gracieux effet.
Près de là, dans une autre, la coupole à
seize compartiments tous inégaux de formes et de dimensions, soutenue par des
nervures aux lignes diverses, d'une harmo-
nie parfaite et supportées par une seule
colonne placée au centre, est bien le travail
le plus étonnant qu'on puisse voir et qui,
vraisemblablement, a dû être exécuté sans
plan, par l'ouvrier ayant résolu ce problème
difficile.

Mais le plus fin joyau de la vieille église
est le portail ouvrant sur l'ancien emplacement du couvent. C'est là le plus beau
spécimen de style gothique « flamboyant »
qui existe en France; les clochetons en
sont dans le plus bel état de conservation,
et, sous le porche du transept, affecté autrefois au passage des moines, se trouve, fait
dans le style du portail, un plafond plat,
unique, supporté par des nervures à jour,
burinées sur place. Un second portail, du

plus harmonieux effet et situé près de celui-ci, fait supposer que déjà en l'an 1000, les sculpteurs prévoyaient l'architecture de l'avenir. Dans les parties basses, le style flamboyant s'étale dans toute sa splendeur; au-dessus vient l'ogive, et au-dessus de l'ogive se voit le plein cintre.

On peut, sans se hasarder, dire que le vieux Saint-Étienne de Caen est un des plus beaux monuments de France et qu'aucune autre église ne lui ressemble. Le plan général de la basilique est ravissant, et les gargouilles, faites d'une seule pièce, sont d'une infinie variété.

Il est extraordinaire que, jusqu'à ce jour, aucune reproduction photographique ou autre n'ait été faite encore de ce chef-d'œuvre incomparable.

II

FERVACQUES

6 juillet 1887.

Dans les nombreux ouvrages publiés depuis le commencement du siècle sur les châteaux et anciennes résidences normandes, Fervacques est au nombre des délaissés.

Chateaubriand même, dans ses « Mémoires d'Outre-Tombe », consacre à peine quelques lignes à cette belle terre, dans laquelle il passa plusieurs quartiers d'été. Que de souvenirs cependant ! la tendre affection dont on l'y entourait n'eût-elle pas dû évoquer chez l'illustre auteur du *Génie du Christianisme ?*

*　*
　*

Dans la profonde vallée de Livarot, une des plus belles du pays d'Auge, la longue avenue qui conduit au château de Fervacques est plantée d'ormes séculaires, dont l'épais ombrage en assombrit le parcours, mais donne un charme sans pareil à la pièce d'eau qui se trouve à son extrémité.

Au delà des portes du pavillon d'entrée, primitivement destiné à soutenir les chaînes du pont-levis jeté sur la Touques, le spectacle est vraiment ravissant. Rien ne rappelle ici l'éternel vieux manoir perché en nid d'aigle ; le visiteur se trouve au niveau des herbages de la vallée ; à quelques pas, la rivière fait mouvoir une roue de moulin, et de la chute qui lui a été ménagée, les flots, vifs et écumants, s'échappent pour remplir les fossés du château, dont l'enceinte est assise sur des douves. Dans la cour, les façades sont d'un harmonieux effet, quoique légèrement gênées par le perron de construction moderne dont elles sont flanquées. Le mélange de pierre et de brique employé à l'élévation des murs n'a pu, à regret, supporter d'ornement; aucun jeu d'imagination n'a répandu de variété sur la grave uniformité de l'ensemble. Le ciseau, dans ce style à bossage, perd ses moindres caprices ; mais l'œil, par contre, peut s'arrêter sur les tourelles qui surmontent les deux jolis pavillons terminant la bâtisse, seuls vestiges du castel primitif. Au pied du pavillon de droite se trouve encore une petite porte à mâchicoulis, au-dessus de laquelle brillait un écusson, aujourd'hui mutilé. Un arc en accolade et des crochets d'une rare élégance surmontent cette porte. Les croisées aux sculptures légères sont entourées de moulures très gracieuses.

Plus loin, se dresse la grosse tour dans laquelle se tord l'escalier qui conduisait aux appartements du château; les marches se sont creusées sous les pas.

En suivant un des bras de la rivière, on contourne le pavillon nord; auprès de ce dernier se trouvent les serres et les jardins, sur l'emplacement desquels s'élevait jadis le colombier.

Le système d'ornementation suivi dans le vieux corps de logis du château de Fervacques rappelle le xve siècle, quoiqu'on n'en fasse remonter la construction qu'au temps de Henri IV. La grande façade et ses pavillons sont de la fin du xvie ou du commencement du xviie siècle. Sur toute la longueur de cette façade, les fenêtres s'ouvrent au-dessus d'un cours d'eau que borde le parc, immense, majestueux et planté de hauts arbres abritant des pelouses bien soignées.

A l'intérieur, les galeries et les longs couloirs précédant les appartements, sont tendus d'anciennes tapisseries et ornés de vieux bahuts; les salons, dénotant le goût artistique des châtelains actuels, sont parsemés de bibelots de prix, de porcelaines de Saxe et de Chine et garnis de délicieux meubles Renaissance, Louis XIV, Louis XV ou Louis XVI, du style le plus pur.

Dans la grande salle à manger, d'incomparables faïences de Rouen, aux tons de la belle époque, semblent se jouer des merveilles de la céramique italienne.

Voici la chambre dans laquelle Henri IV, se rendant sans doute aux fêtes que la ville de Lisieux, au commencement du xvii° siècle, donnait en son honneur, séjourna, dit-on, une nuit!

Ce n'était plus ici le prince errant et proscrit de sa capitale, en quête d'un lieu pour reposer sa tête; c'était le maître de Paris et du Royaume, invité et attendu dans le château d'un de ses gentilshommes, resté son ami dans la prospérité, comme il l'avait été pendant la mauvaise fortune. Ce dystique qu'on peut lire encore sur l'un des côtés de la pièce et qu'en route il composa, le dit suffisamment :

> Volons ! Ventresingris. La Dame de Fervaques
> Mérite du retour et de vives attaques.

Le Soldat-Roi en avait dit autant à bien d'autres. La dame d'alors s'appelait Anne d'Allègre, comtesse de Laval et d'Harcourt qui, avant de devenir la seconde femme du seigneur de Fervacques, avait, dans l'espoir d'épouser celui-ci, permis au duc de Chevreuse de dissiper sa fortune.

Cette chambre, grande et bien éclairée, est tendue de belles tapisseries. Le dallage du parquet est fait d'anciennes briques émaillées du « Pré d'Auge », simulant le carreau byzantin et très rares aujourd'hui. Quelques-

unes de ces briques sont décorées de fleurs
de lis.

Le lit, en bois de chêne, à quatre colonnes,
de forme carrée, avec entablement, est garni
de très beaux rideaux brodés et brochés or
et argent, d'une tenture de fond et de deux
autres de pied, doublés de damas de soie.

On prétend que les meubles qui sont encore
dans la pièce sont ceux qui servirent à l'usage
de Henri IV. Parmi ces objets, se trouve une
table qui a pu tenir lieu d'écritoire au galant
Béarnais, lorsqu'il écrivit de Fervacques à
la marquise de Verneuil la lettre suivante
dont le fac-simile est conservé au château :

« Mon cher cœur,

« Votre mère et votre sœur sont chez Beau-
« mont où je suis convié de dîner demain je
« vous en mandrai des nouvelles. Un lièvre
« m'a mené jusques aux Rochers devant
« Malsherbes, où j'ai éprouvé que des plaisirs

« passés douce est la souvenance. Je vous ay
« souhettée entre mes bras, comme je vous
« y ai vue, souvenez-vous-en en lisant ma
« lettre je m'assure que cette mémoire du
« passé vous fera m'espryser tout ce qui
« vous sera présent pour le moins en faisiez-
« vous ainsi en traversant les chemins ou
« j'ay tant passé vous allant voir. J'ai parlé
« à Laguelle il est toujours obéissant et
« fidèle. Mes chers amours sy je dors mes
« songes seront de vous sy je veille mes
« pensers seront de même, recevez ainsi
« disposée un million de besers demoy. »

La lettre est signée d'un métagramme formé de quatre huit en losange barrés verticalement et d'un huit central flanqué de deux 1, barrés horizontalement.

Une note complaisante nous avertit « que Henry IV se servait souvent de cette signature dans ses lettres familières ».

Il faut avouer que la familiarité de la lettre à « Mon cher cœur » était assez grande pour justifier l'emploi de la signature mystérieuse, si le style et la galante tournure ne suffisaient à faire reconnaître pour son auteur un des moins lettrés, mais un des meilleurs écrivains qui montèrent sur le trône de France.

Gabrielle alors était morte, et Henriette d'Entragues avait eu le temps de se faire conférer le titre de marquise, quelque empressement que mît son royal amant à former de nouveaux rapports.

* *

Dans ce même lit, dormit plus tard Chateaubriand, destiné, paraît-il, à succéder aux rois dans leur couche, puisqu'il en fit autant à Combourg où, avant lui, passait la reine Christine.

Fervacques, à ce moment-là, appartenait à Mme de Custine, dont le nom réveille des souvenirs pleins d'intérêt.

Chateaubriand raconte qu'étant à dîner chez elle, l'abbé Furia se vanta de pouvoir tuer un serin en le magnétisant ; le serin, dit l'auteur du « Génie de l'Homme », fut le plus fort, et l'abbé, hors de lui, fut obligé de quitter la partie, craignant d'être tué par l'oisillon.

Une autre fois, dit encore notre auteur,

« Gall dîna auprès de moi sans me connaî-
« tre, se trompa sur mon angle facial, me
« prit pour une grenouille et voulut, quand
« il sut qui j'étais, raccommoder sa science
« d'une manière dont j'étais honteux pour
« lui ».

Sainte-Beuve a publié les lettres de Mme de Custine ; une d'entre elles, adressée à Chênedollé, le 24 juin 1806, donne une idée de son affection pour Chateaubriand :

« Le « Génie » est ici depuis quinze jours ;
« — il part dans deux, et ce n'est pas pour
« un voyage ordinaire ; — cette chimère de
« Grèce est enfin réalisée ; il part pour rem-
« plir tous ses vœux *et pour détruire tous*
« *les miens.* »

Au nombre des meubles précieux conservés au château, il en est un sur lequel on
rapporte que Chateaubriand écrivit plusieurs
pages des « Martyrs ». Le chantre des « Martyrs » se trouvait en effet à Fervacques
au commencement de l'été de 1806, puis-

que c'est de là qu'il partit pour faire son voyage en Grèce.

Les belles figures de Mme de Custine et de Chateaubriand répandent sur Fervacques une teinte de grâce et de mélancolie qui prête un charme de plus à cette belle résidence.

« J'ai vu, dit autre part le « Génie »,
« j'ai vu celle qui affronta l'échafaud
« d'un si grand courage, je l'ai vue plus
« blanche qu'une Parque, vêtue de noir, la
« taille amincie par la mort, la tête enve-
« loppée de sa seule chevelure de soie, je
« l'ai vue me sourire de ses lèvres pâles et
« de ses belles dents, lorsqu'elle quittait
« Sécherons, près Genève, pour expirer à
« Bex, à l'entrée du Valais ; j'ai entendu
« son cercueil passer la nuit dans les rues
« solitaires de Lausanne, pour aller prendre
« sa place éternelle à Fervacques : elle se
« hâtait de se cacher dans une terre qu'elle
« n'avait possédée qu'un moment, comme
« sa vie. »

* * *

De tous les possesseurs du domaine, le plus vaillant et le plus illustre fut Guillaume de Hautemer, comte de Grancey, désigné dans l'histoire des guerres de la Ligue sous le nom de Fervacques. C'était le dixième du nom. Le premier des Hautemer, Jean, seigneur du Fournet et du Mesnil-Tison, vivait en l'an 1300.

Les armes de la maison de Hautemer étaient d'or à trois faces ondées d'azur. — Le maréchal de Hautemer portait écartelé : au premier, d'or à trois faces ondées d'azur ; au deuxième, d'or à la bande vivrée d'azur, qui est la Baune-Montrevel ; au troisième, de gueules à trois bandes d'argent, qui est

Montlandrin; et, au quatrième, de gueules au lion d'or, l'écu semé de billettes de même, qui est Châteauvillain.

En 1574, Guillaume de Hautemer était l'un des généraux du maréchal de Matignon au siège de Domfront où, à ses côtés, fut fait prisonnier l'infortuné Montgomery, que Catherine de Médicis, au mépris de la capitulation stipulant la vie sauve pour le capitaine écossais, fit exécuter en place de Grève, le 27 juin de la même année, et qui, avant d'être mené au supplice, subit une horrible torture. Montgomery montra néanmoins sur l'échafaud une grande résolution et pria le bourreau de ne lui point bander les yeux. Sa mémoire fut réhabilitée par ordre de Henri III, en 1576.

Dans une des salles de Fervacques, parmi les souvenirs qui y sont recueillis, se voit le portrait du capitaine, descendant de ce Roger de Montgomery qui, en 1066, commandait un corps important dans l'armée

du Conquérant, à la bataille d'Hastings.
— Ce fils de Jaques de Lorges, premier sire
de Montgomery, chargé en 1545 de conduire des secours à la Régente d'Écosse,
puis nommé capitaine de la garde écossaise
de Henri II, dut, en 1559, dans un tour-
noi resté célèbre, rompre une lance avec le
roi, et l'atteignit si malheureusement à l'œil
droit, que celui-ci mourut dix jours après.
Craignant la haine de Catherine, Montgomery passa en Angleterre et embrassa le
protestantisme. Revenu en France vers
1562, il marcha à la tête des Calvinistes de
Rouen, défendit la ville avec vigueur contre
l'armée royale, et remporta divers avan-
tages dans le Midi. Rentré à Paris, après
la paix de Saint-Germain, il échappa à la
Saint-Barthélemy et dut fuir de nouveau.
En 1573, il essayait de secourir la Rochelle,
et ce fut l'année suivante qu'il dut se rendre
à Domfront, après une défense héroïque.
— Déjà son père, avant lui, avait, en 1521,

blessé François Ier à la tête; ayant ensuite saccagé la ville de Lagny, pour la punir d'avoir désobéi à un ordre du roi, sire Jaques fut cause du mot fameux qui, pendant longtemps, mit en fureur les habitants de cette ville : Combien vaut l'orge (Lorges)?

Dans le corps d'armée placé à Domfront sous les ordres de Guillaume de Hautemer, il se trouva un officier nommé De Bons qui, malgré une fracture au crâne, eut la force de se traîner jusqu'à la tente la plus voisine, et là, demandant par signes une plume et du papier, mourut en achevant d'écrire, avec son sang, une lettre à sa maîtresse, Mme de Rabodanges.

Fervacques, le 18 janvier 1583, se trouvant devant Anvers qu'il avait espéré prendre par surprise, fut enveloppé par le prince d'Orange qui alla droit à lui et l'emmena prisonnier, les mains liées derrière le dos. — Plus tard, en 1590, ce fut lui qui s'empara du Faubourg Saint-Denis, à Paris, à la tête des troupes du roi de Navarre. — En 1592, devant Rouen, Fervacques, après un combat de deux heures, dégagea des mains de ses ennemis Henri IV blessé.

Ce fut à Guillaume de Hautemer que Henri IV, au mois de mars 1590, peu de jours avant la bataille d'Ivry où, vaincu par la fatigue, le Béarnais devait s'endormir sous un poirier et alors qu'une rencontre avec Mayenne était imminente, écrivit ce mot célèbre, quoique moins connu que sa lettre à Crillon après la journée d'Arques :

« Fervacques, à cheval ; car je veux voir à
« ce coup-ci de quel poil sont les oysons de
« Normandie; venez droit à Alençon. »

⁂

Le comte de Grancey, devenu lieutenant général dans la province de Normandie, mourut à Fervacques le 14 novembre 1613, à l'âge de 75 ans et après avoir, par la construction à ses frais d'un établissement religieux considérable, tenté de réparer ses torts envers la ville de Lisieux. Ce couvent de capucins, situé au bas de la côte Saint-Ursin, fut vendu et démoli après la Révolution.

Le domaine de Fervacques passa ensuite entre les mains d'Aymar de Prie, marquis de Toucy, qui avait épousé, en 1593, la fille aînée de Guillaume de Hautemer, Louise, Dame de Fervacques, veuve en premières noces de Jacques d'Aurilly ; puis, à sa descendante, Charlotte de Prie, mariée dès 1639, à Noël de Bullion, fils du célèbre surintendant des finances sous Louis XIII. — A cette époque, la terre fut érigée en marquisat et un des descendants de Bullion, Anne Jacques, marquis de Fervacques, épousa, le 27 mars 1708, Marie-Madeleine Gigault de Bellefonds ; de cette union naquirent : la duchesse d'Olonne, la duchesse de Beauvilliers et Jacqueline Hortense, duchesse de Laval-Montmorency ; celle-ci donna le jour à Guyonne-Elisabeth, duchesse de Luynes.

Par acte du 27 octobre 1803, la duchesse de Luynes et son frère, Joseph de Laval-Montmorency, vendirent leur château à Mme Mélanie de Sabran, veuve de Custine, belle-fille du malheureux général mort en 1793, et Anne de Chateaubriand. — — Astolphe de Custine, son fils, céda en 1831 la terre de Fervacques à Mme la marquise de Portes et cette dernière l'a conservée jusqu'à sa mort. — Mlle de Portes a hérité du domaine, et depuis l'alliance qu'elle a contractée, les voûtes du château retentissent du nom de Montgomery.

*
* *

Voilà donc ces deux noms de Fervacques et Montgomery qui, par un étrange rapprochement, se retrouvent accouplés, comme ils le furent à Domfront, il y a 350 ans.

Et, juste retour des choses d'ici-bas, si toutefois on doit croire à l'influence des noms, n'est-il pas étonnant, le premier, contraint, ayant fait succomber l'autre, de voir « Fervacques », un jour de « Grand-Prix », porter à Montgomery la victoire éclatante?

III

LE CHATEAU DE MAILLOC

20 juillet 1887.

Non loin de cette terre de Fervacques, où, sur les troncs des grands chênes, se voient encore les marques de chiffres entrelacés, le regard peut suivre au delà des herbages se succédant sur la droite de la vallée, une nuée de petits vallons parsemés de villages environnés de bois, dont l'aspect varie à toute heure du jour, selon le point occupé par le soleil à l'horizon.

Parmi tous ces sites d'allure si pittoresque, voici *le Verger*, ancien fief donné, au commencement du xiie siècle, à l'abbaye du Val-Richer, et qui, en échange d'une dépendance située à Fourches, ne fit retour au domaine de Fervacques que vers 1579, alors qu'y vivait Guillaume de Hautemer.

Un ancien manoir, autrefois entouré d'eau, est là connu sous le nom de *Maison-aux-Anglais,* pour avoir, suivant les traditions locales, servi de demeure à un des envahisseurs de la province au xv⁵ siècle.

Puis c'est *Cheffreville,* dont l'église réédifiée a conservé des vestiges de l'époque romane.

Tonancourt, où le château, malheureusement démoli, possédait autrefois des peintures murales du plus haut intérêt, et notamment un épisode de la bataille de Marignan, où se distingua Guillaume de Lyée, seigneur de l'endroit.

Bellouet, dont Hugues Paynel était le maître sous Philippe-Auguste, et où le charmant petit manoir est un des édifices les plus curieux de la contrée. — Élevée au xv⁵ siècle, pour servir de résidence probable à un des possesseurs du fief, du nom de Cintray, cette construction de bois est remarquable par l'élégance et la recherche de son ornementation. — Toutes les pièces de charpente et de menuiserie, les solives, les volets de fenêtres, sont chargés de sculptures faites avec un goût exquis et aussi profondément fouillées que les plus beaux bahuts de cette époque. C'est un bijou de l'art ogival flamboyant, excessivement précieux, et qui ne devrait, depuis bien des années, plus être exposé à l'injure du temps.

Il serait à désirer qu'il en fût de même à l'égard de *Belleau-la-Chapelle*, le manoir qui se trouve à peu de distance du village de Courson, dont nous voici rapprochés. Ici, les façades sur lesquelles le ciseau du sculpteur s'est plu à reproduire tous les caprices de son imagination, sont couvertes de bas-reliefs et d'arabesques excessivement curieux. Entre autres sujets, l'artiste, avec cette naïveté charmante qui caractérise les œuvres de la dernière période ogivale, a retracé sur la longueur d'une corniche, les différents épisodes d'une chasse au cerf; mais la hauteur lui faisant défaut pour placer ses figures debout, le sculpteur, dans sa simplicité, a levé la difficulté en couchant sur le ventre les piqueurs et les chasseurs qui poursuivent la bête. C'est sans doute à l'arbre généalogique d'un des Lyée, qu'est due la construction de ce manoir placé à l'ombre d'une belle futaie, sur un sol rapidement incliné.

Voici le ravissant hameau de *Moutiers-Hubert*, serpentant au milieu des grands bois de *Buisson-Paynel*, dont le nom, contemporain de Guillaume le Conquérant, s'est conservé dans la contrée depuis le xie siècle. Sur le bord de la Touques, un monticule indique aujourd'hui encore l'emplacement de l'ancien château fort des barons Paynel. Geoffroi, comte d'Anjou, s'en empara en 1136. L'église de Moutiers-Hubert, près de laquelle s'élevait autrefois un monastère mérovingien, renferme, en assez bon état, quelques vestiges de peintures murales anciennes, exécutées dans un très beau style, probablement par un des maîtres de l'époque.

Sur la côte est, se voit *Bienfaite*, dont les seigneurs furent à la conquête de l'Angleterre et à la croisade de Robert II et où les archives de la commune sont curieuses à consulter. Là, en vertu d'un édit rendu par Henri III, toute fille en état de grossesse était tenue, avant son accouchement, d'en faire la déclaration à l'autorité paroissiale. L'auteur du délit devait, de son côté, se faire connaître et s'engager de contribuer à la nourriture et à l'entretien de l'enfant qui naîtrait de ses œuvres, afin que les habitants ne fussent ni recherchés, ni inquiétés.

Puis, c'est la *Cressonnière* où, au fond du vallon, se dressent les ruines d'un ancien château entouré de douves, construit vers la fin du xve siècle, et les jolies collines de *Tordouet*, dont l'un des villages possède une église, jadis hospice de Templiers, surmontée d'une tour romane octogone du plus bel effet, datant du xie siècle et dominant d'une façon charmante les maisons et les vallons qui se trouvent au pied.

Au nord, par le versant gauche, se dessinent les Mailloc : Saint-Pierre, Saint-Julien, Saint-Denis et Saint-Martin, ces communes autrefois divisées de telle façon que chacune des tours du château qui les sépare, reposait sur un des quatre territoires différents.

*
* *

    Les Mailloc! — Que de faits historiques rappelle ce nom, tantôt vénéré et tantôt exécré dans la contrée qui le porte! Que d'anecdotes ne pourrait-on raconter sur la vie de ces preux, dont les descendants se perpétuèrent jusque vers le milieu du xviii° siècle !

    Il y a près de huit cents ans, qu'un Jehan de Mailloc s'illustrait aux côtés de Robert de Normandie, à la prise de Jérusalem, le 15 juillet 1099.

    Devenus tenanciers des fiefs militaires du commencement du xiii° siècle, on retrouve des Mailloc aux xiv°, xv° et xvi° siècles. Leur terre, à cette époque, faisait partie du comté de Lisieux.

Un Mailloc, seigneur de Saint-Hippolyte-de-Canteloup, fut du nombre des trois cents chevaliers auxquels, le 22 décembre 1360, Jean pardonna la fugue en faveur du roi de Navarre.

A Saint-Denis-de-Mailloc, s'élevait vers le milieu du xv⁰ siècle, un château dont le seigneur était tenu, en temps de guerre, de faire quarante jours de garde à la porte d'Orbec à Lisieux. Parmi ces sentinelles de haute lignée, on retrouve, en 1601, Hamon de Mailloc, l'un des plus turbulents gentilshommes auxquels Henri IV ait eu affaire et qui, comme son ancêtre Jehan, ne se fit pas faute de rançonner les habitants de Lisieux.

Gabriel-René de Mailloc, devenu marquis, mourut sans postérité, au commencement du xviii⁰ siècle. Sa veuve fit plus tard passer le domaine aux mains du duc d'Harcourt, gouverneur général de Normandie.

Vint ensuite l'illustre savant Laplace, l'un des plus grands géomètres de notre siècle, dont l'héritière, marquise de Portes, laissa la terre à Mme de Colbert-Chabanais, mère du comte Jean de Colbert-Laplace, qui l'habite aujourd'hui.

Le joli coteau longeant la vallée à gauche rappelle les sites les plus riants de la Lombardie, par les bouquets d'arbres, les chapelles et les maisons qui le sillonnent ; mais combien est subite la transition offerte par l'immense construction entièrement vierge d'ornementation et flanquée de quatre grosses tours autrefois baignées de fossés, qui s'appelle le château ! C'est bien ici la demeure seigneuriale du xviie siècle, froide d'aspect et d'allures extérieures.

Tout autres cependant sont les sentiments éprouvés par le visiteur en franchissant le seuil du vaste manoir. Aux murs des « halls » et des grands couloirs, semblent revivre les sujets de la Renaissance, tracés sur des tapisseries à personnages richement costumés et exceptionnellement bien conservées.

Dans les salons et les boudoirs, les meubles des XVIIe et XVIIIe siècles, aux fines montures de bronze doré artistement ciselées, les porcelaines de Sèvres, de Saxe, les bibelots les plus divers, sont répandus à profusion; les portraits aux tons chauds des Largillière et des Rigaud, les pastels de Latour et les émaux de Petitot, sont pour les yeux un constant régal et font de ce château, dont les tours ont livré leurs flancs à l'aménagement de spacieux cabinets de travail, inondés de soleil, l'une des demeures les plus luxueuses de la contrée.

Dans l'une de ces tours est installée la Bibliothèque, et ce n'est point ici l'attrait le moins grand de cette belle habitation. La forme circulaire des vitrines dont est ornée la jolie pièce où elle se trouve renfermée, donne à ce lieu un rare cachet d'élégance, en même temps qu'elle facilite le jeu des rayons lumineux sur le velin des étourdissants volumes reliés « au petit fer » que supportent les étagères. Les belles éditions du xviii° siècle, les coquets ouvrages à dos de maroquin, sur lesquels le chiffre et la « couleuvre » des Colbert s'étalent par-ci par-là, sont les témoins silencieux du goût incontestable qui a présidé au classement laborieux de ces précieux joyaux artistiques des siècles derniers.

Quelques-uns des petits escaliers conduisant aux appartements intimes sont faits de marches recouvertes en briques émaillées du « Prédauge », aux teintes vives et brillantes et rappelant celles du parquet de la chambre de Henri IV à Fervacques. Là sont probablement les parties les plus anciennes du château, dont les transformations, depuis les premiers possesseurs, ont été considérables.

*
* *

La belle route ombragée par laquelle on quitte à regret les Mailloc, laisse apercevoir sur la gauche le vieux castel de *Mesnil-Guillaume* construit dans le style des habitations seigneuriales du temps de Henri IV, et qui faisait partie, à la fin du xvii° siècle, du fief que nous venons de quitter.

Au xvi° siècle, Mesnil-Guillaume appartenait à Nicolas Levallois, Seigneur d'Escoville, dont la famille, qui jouait alors un si grand rôle à Caen, où elle fit construire le bel hôtel portant son nom, était, d'après un manuscrit anonyme conservé à la bibliothèque de cette ville, issue d'un simple artisan de Lisieux enrichi dans le commerce. Les seigneurs d'Escoville tenaient fort à cacher cette origine honorable pour le commerce lexovien, où cependant ils devaient être estimés, puisque, déjà vers la fin du xv° siècle, on retrouve leur écusson sculpté aux clefs de voûte de la nef de l'église Saint-Jacques, élevée en 1520.

Voici *Glos* et les *Bruyères*, coquettement perchés sur l'éminence qui sépare la riante vallée de l'Orbiquet du point sauvage de Courtonne-la-Meurdrac. Là aussi, autrefois, s'élevait un château fort dont les environs furent le théâtre de luttes sanglantes. — En 1066, un seigneur de Glos-sur-Lisieux suivait Guillaume en Angleterre. L'église occupant le point culminant du coteau, date des premières années du xi° siècle et renferme des boiseries richement sculptées provenant de l'abbaye de Cormeilles. — Le lutrin, de style Louis XV, en bois de chêne doré, est une œuvre très remarquable, formée d'un gracieux vase à pied triangulaire, portant un globe sur lequel sont aux prises un aigle et un serpent. — Une lampe de bois, décorée de têtes d'anges et d'entrelacs, suspendue dans le clocher, se trouve être d'un modèle presque introuvable aujourd'hui.

Plus loin, se dresse une poterne flanquée de deux tourelles ; cette délicieuse tête de pont, d'un effet très pittoresque, forme le dernier vestige du manoir féodal de *Beuvillers*, qui s'élevait au fond de la vallée. — Les notes de l'Échiquier de Normandie nomment ici comme châtelain en 1180, Wido de Boviler. Au xvi° siècle le fief appartenait à la famille d'Osmont.

Voici les *Pavements*, cette construction aux portes à chambranles gothiques, dont les poutres, décorées dans le style de la Renaissance, rappellent quelques-unes des anciennes façades d'habitations lexoviennes.

IV

LA HOUBLONNIÈRE
CRÈVE-CŒUR.

3 août 1887.

Mais dans ce pays dont les ducs ont fait trembler les rois et conquis l'Angleterre, dont les chevaliers s'emparent de la Palestine, que de sang a dû couler depuis l'époque où, antique Neustrie, héritage d'un des fils de Clovis, la terre tombe aux mains de Rollon, jusqu'à celle où Henri IV, pour en châtier les maîtres, écrit à Fervacques la lettre citée plus haut.

Rollon, chef puissant du Nord que l'avenir peut-être inquiétait déjà, avait suivi l'exemple de son allié Gutrun et partagé les champs au cordeau entre ses compagnons d'armes.

Il divisait pour régner.— Un jour que des envoyés de Robert l'engageaient à combattre Charles le Simple, pour le chasser ensuite, Rollon répond : « Dites à votre « Seigneur qu'il veut trop chevaucher et ou- « trepasse la loi ; ce qui est au roi, il le peut « détruire, mais prendre la royauté, je ne « le veux pas. »

En homme prudent et désireux de s'affermir, le Dace ne voulait pas qu'un pouvoir fort en remplaçât un faible.

Au commencement du xe siècle, on le voit punir un laboureur de Longueville, pour n'avoir pas lui-même corrigé son épouse ; de là vient sans doute cette règle de la « coutume de Normandie », qui permettait au mari « de battre sa femme, pourvu qu'il n'y eût mort ni mehain ».

Plus tard, vint le régime féodal et ses

prérogatives, sorte d'ivraie étouffant le bon grain, et il ne fallut rien moins que le vote de l'Assemblée Constituante, dans la nuit mémorable du 4 août 1789, pour abolir un état de choses que le xiii° siècle déjà voyait s'affaiblir.

Nicolas I", abbé de Saint-Étienne de Caen, ayant le droit de prendre dans la forêt d'Auge tout le bois nécessaire à la réparation de ses moulins, se plaignait, en 1261, que, par suite des ventes du Domaine, la forêt se trouvât épuisée au point de n'y pouvoir plus trouver en quantité suffisante le merrain dont il avait besoin et demandait, comme dédommagement, la faculté de faire couper du bois dans une autre forêt royale, lorsqu'un arrêt du Parlement vint lui refuser l'autorisation sollicitée.

⁂

Quoi qu'il en soit, en parcourant les retraites séculaires de ces générations éteintes, il semble qu'une voix humaine sorte de la pierre et dise au touriste ému, que là d'autres hommes ont senti, pensé et souffert comme lui.

*
* *

En suivant la route qui nous conduit à Caen, nous ne pouvons moins faire que de consacrer quelques instants au *Prédauge*, dont le nom revient si souvent en Normandie, à propos de ces ravissantes briques émaillées, établies d'après un procédé malheureusement disparu aujourd'hui.

Le Prédauge était le centre d'une remarquable fabrique de poteries, dont les produits se recherchaient dans tout le pays. — Qui n'a vu dans nos musées et dans les collections privées, ces brillants épis de terre cuite, dont se couronnaient le faîte des manoirs et les lucarnes des maisons bourgeoises, comparables en quelque sorte aux faïences de Bernard de Palissy, soit à cause de l'éclat du coloris ou de l'originalité de la décoration?

La *Boqueterie* possédait autrefois la *Maison de faïence*, ainsi appelée par suite de la quantité innombrable de carreaux émaillés dont ses murs étaient recouverts et qui, au dire d'un vieillard de la contrée, provenaient d'un four dont la flamme ne s'éteignit que vers la fin du règne de Louis XV.

L'église du Prédauge, appartenant à la dernière période ogivale, se dresse sur le versant d'un coteau couronné d'arbres verts et au pied duquel coule une source limpide dédiée à saint Méen, but de pèlerinages nombreux partant de tous les coins de la Normandie.

Une croyance encore en vigueur aujourd'hui attribue à cette eau la vertu spécifique de guérir certaines maladies éruptives, connues sous le nom de mal Saint-Méen. Mais le saint exige que le malade qui veut boire ses eaux et implorer son secours, quitte son domicile sans emporter avec lui, ni argent, ni provisions et que humiliant son orgueil jusqu'à la mendicité, il fasse le voyage en vivant exclusivement des aumônes reçues aux portes et sur les routes. Cette exigence du saint ne peut toutefois être satisfaite sans danger, un ordre de pieux mendiants mis au-dessus de la loi par la prière, n'étant point en dehors des peines édictées par le code.

A gauche de la route, voici *La Boissière*, dont un ancien manoir a pris le nom pompeux de château, probablement à cause des avenues qui y conduisent ou des belles futaies qui l'environnent. — Cette construction, qui s'appelle la *ferme de Rome*, doit occuper l'emplacement d'un bâtiment primitif élevé lors de l'invasion romaine. Dans une des salles basses de cette demeure, se trouve une boiserie de style Louis XV, faite de chêne sculpté et qui n'a point dû servir à l'usage auquel on la destinait, car les ouvriers ont laissé là, inachevé, le travail qu'ils étaient chargés de mener à bonne fin.

Sur la façade principale de la ferme se dresse majestueusement un rosier gigantesque. — L'arbre, formé d'un tronc de près de trois mètres de haut, supporte des ramifications jonchées de milliers de boutons entr'ouverts, s'étendant au-dessus des toits. — C'est un des beaux spécimens du genre, que les Balkans mêmes, si réputés cependant, ne sauraient produire.

Peu après avoir quitté la Boissière, au pied de la riante colline donnant accès à la vallée de Crève-Cœur, on aperçoit l'ancien *château de la Houblonnière*, qui doit son nom aux nombreuses plantations de houblon qu'on y faisait jadis.

Une ferme modèle, installée dans son enceinte, y a conservé un beau et vaste pressoir de granit, qu'on suppose dater de l'époque même à laquelle fut construit le manoir.

Ce qui subsiste de l'ancienne demeure

paraît remonter au xv° ou au xvi° siècle. —
Dans une des cours, à laquelle on accède par
une poterne élégante, les façades sont percées
de fenêtres à moulures prismatiques, indi-
quant le xvi° siècle et formant, avec les vestiges de galeries de l'ancien chemin de ronde,
un ensemble du plus bel effet. — A gauche,
s'élève une tour imposante, de construction
très soignée, qui paraît n'avoir été bâtie
que pour servir de colombier.

Dans les demeures féodales que les révolutions nous ont laissées comme types, on
s'étonne parfois de l'importance donnée à
cette partie de la construction; mais la possession d'un colombier dans le régime ancien
de la Normandie était l'apanage exclusif des
propriétaires de fiefs, et ce droit figurait parmi
les privilèges seigneuriaux à côté du four et
du moulin banal. — Aux termes de la
« coutume », un seigneur possédant cent
arpents de terre labourable, pouvait avoir
une simple volière à pigeons, percée de deux

cents trous. L'adjonction d'un colombier aux murs d'un château était un signe précieux de noblesse et de suzeraineté. — Quelques-uns d'entre eux, d'après les vieilles traditions, contenaient quelquefois jusqu'à deux ou trois mille pigeons. — Il en fut ainsi jusqu'à l'abolition du régime féodal et de toutes les inégalités qu'il entraînait à sa suite. Après 1789, la faculté d'avoir un colombier sur ses terres fut attribuée à tout propriétaire indistinctement; la seule limite imposée à ce pouvoir fut l'obligation d'enfermer les pigeons pendant les époques fixées par les municipalités, pour les semailles et les récoltes; mais bien peu de ces tours dispendieuses et nuisibles aux champs furent élevées dans la suite.

Vus de la belle route qui leur sert de limite, l'ancien château de la Houblonnière, et l'église adossée à ses murs, forment un groupe très pittoresque.

Le style adopté dans la construction de

cette dernière paraît être celui du xiiie siècle.
— Une galerie couverte, jetée au-dessus du cimetière qui se trouve au pied de l'église, reliait autrefois l'entrée du banc seigneurial aux appartements du château. C'était là un établissement peu conforme aux lois ecclésiastiques, dont l'idée originale peut avoir été prise à la vue d'un couvent de derviches et rapportée d'Orient par les premiers Templiers, dont les adeptes, paraît-il, avaient fait de la Houblonnière un de leurs châteaux forts.

On trouve dans Montfaut : « Jean Guérin, vivant noblement à la Houblonnière en 1463 », et dans les premières années du xviie siècle, Jehan de Cardiglard en était le seigneur.

***

Nous venons de franchir la distance qui sépare la Houblonnière de *Crève-Cœur*. — Il n'est nulle autre part en Normandie de bourg plus ravissant que celui dont ce coquet petit endroit donne l'aspect, par ses maisons régulièrement alignées et adossées l'une à l'autre.

Saint-Loup-de-Fribois et *Crève-Cœur* forment deux communes adjacentes. Le prieuré de Fribois, vieux manoir situé à l'extrémité méridionale de Crève-Cœur, fut fondé par Pierre de Tilly, auquel Philippe-Auguste donna la terre de Fribois, après la conquête de Normandie en 1204.

Auprès du bourg, sur une éminence

autour de laquelle le feuillage épais de quelques grands arbres abrite les sansonnets et les merles, se voient encore les ruines de l'ancienne résidence des sires de Crève-Cœur, dont le premier sut prendre, aux côtés de son seigneur et maître à la bataille d'Hastings, une part si glorieuse, qu'il reçut en récompense des biens considérables en Angleterre.

Il est difficile de pouvoir préciser l'époque à laquelle remonte la construction de ce château fort. — Jehan de Crève-Cœur figure dans les rôles de l'Echiquier de Normandie à la date de 1195 — Hugues et Guillaume de Crépicor sont également mentionnés dans les chartes de la fin du xii° siècle. — Après la conquête de Normandie, un Jehan de Crève-Cœur fut mandé pour se rendre à l'ost du Roi en 1236.

Ce qui est certain, c'est que c'était là une des forteresses les plus importantes de la contrée, à laquelle on arrivait par deux ponts-levis et flanquée d'un donjon formidable, réunissant toutes les conditions prescrites aux hauts justiciers, par le droit féodal le plus rigoureux. Placé sur un des côtés de la porte d'entrée, le colombier dont les boulins se comptaient par milliers, donnait une idée de la puissance du châtelain. De ce monument redoutable, rien n'est resté; à peine voit-on encore dans la cour, au niveau du sol, les premières marches d'un escalier de pierre pratiqué dans le mur et conduisant à un chemin de ronde qui passait au-dessus de la grande porte d'entrée et faisait, en s'élevant graduellement, le tour de l'édifice. Au pied d'un mur percé de meurtrières et de fenêtres d'inégales dimensions, on peut reconnaître l'emplacement autrefois occupé par la salle d'armes. Les fossés creusés autour de la double enceinte, ont perdu leur ancienne profondeur et l'eau des ruisseaux voisins a cessé d'y pénétrer.

Le château de Crève-Cœur fut occupé par

les Anglais pendant la guerre de Cent Ans.
— Il a été pris en 1417, sous la fin du règne de Charles VI par le duc de Clarence, et Henri V, en 1418, y plaça sir Thomas Kyrkeley, comme commandant; mais trente ans plus tard, Dunois et les comtes de Clermont et de Nevers le reconquirent.

Crève-Cœur passa ensuite aux mains de la famille de Ferrières et le 19 décembre 1522, Claude de Montmorency, maître d'hôtel de François Ier et lieutenant-général de la marine, épousait Anne d'Aumont, qui après lui avoir apporté en dot plusieurs grandes terres, recueillit, à la mort de Françoise de Ferrières, sa mère, la châtellenie de Crève-Cœur-en-Auge.

En 1529, nous voyons Louise de Crève-Cœur, veuve de messire Guillaume Gouffier, obtenir du Parlement le droit d'avoir, au havre de Pourville, un « bateau pour passer et repasser les allans et venans de côté et d'autre ».

Claude de Sainctes, évêque d'Évreux, fait prisonnier à Louviers par Henri IV, au cours des guerres de la Ligue, fut incarcéré au donjon de Crève-Cœur et y mourut.

Vers la fin du xvi⁰ siècle, un sire de Crève-Cœur, qui n'était autre que Jacques de Montmorency, fut nommé par le Béarnais, commandant du château de Caen, sous les ordres du chevalier de Vendôme qui venait de naître. — Le bâtard du Vert-Galant se trouvait investi du commandement de la grande forteresse à l'âge de deux mois et en septembre 1603, lors du voyage à Caen de Henri IV et de Marie de Médicis, Crève-Cœur, d'abord fort bien accueilli par Leurs Majestés, fut remplacé quelques jours après, sur un caprice probable de l'enfant, par Bernardin Gigault de Bellefonds.

En 1760, nous retrouvons à Crève-Cœur, Charles-François de Montmorency, duc de Luxembourg, et jusqu'à la Révolution, ses descendants y vécurent; mais ici, le dernier de ces châtelains quitta la France, et sa terre fut confisquée puis mise en adjudication.

Le nouveau propriétaire démolit le château et disposa des canons du donjon en faveur de quelques-unes des villes de Normandie. — La commune de Crève-Cœur, pour sa part, fut dotée de trois de ces pièces.

Au-dessus du bourg, en ligne verticale du côté nord, se voit une tour de construction récente, placée au faîte d'une colline boisée et du haut de laquelle on jouit du plus merveilleux panorama qui se puisse rêver, étant donnée l'élévation du coteau. De là, les yeux découvrent à près de quarante kilomètres à la ronde, cette infinité d'herbages, de champs cultivés et de villages de la plus riche partie de la Normandie.

Cette tour, de proportions très vastes, est l'unique vestige d'une habitation devenue, il y a une douzaine d'années, la proie des flammes, et autrefois édifiée là, à grands frais, par le colonel Vidal de Lauzun.

V

FAUGUERNON

17 août 1887.

Sur la commune de Combray, à la sortie des bois limitant le coteau placé à droite de la vallée de la Touques, et entourées d'herbages teintant de couleurs variées les aspérités du sol, les ruines du vieux château fort de Fauguernon, transformé aujourd'hui en jardin potager, abritent une ferme dont l'entrée n'est gardée que par un molosse aux crocs formidables et qu'une chaîne, au delà d'un circuit de trente à quarante mètres, suffit à grand'peine à rendre inoffensif. — Si des créneaux et des meurtrières les arquebusiers ont disparu, cette unique sentinelle est digne encore du poste qu'elle défend.

L'enceinte principale de Fauguernon paraît avoir été carrée et a dû être entourée de fossés d'une grande profondeur, s'il faut en juger par ceux qui subsistent encore. Le donjon, de forme quadrangulaire aussi, devait occuper la moitié de la ligne septentrionale du château. — Une passerelle de bois a remplacé le pont-levis, et sur les côtés intérieurs de la porte d'entrée, se voient encore les rainures dans lesquelles glissait la herse. Deux éperons saillants formaient avant-corps du côté du fossé. — Dans la cour intérieure, à l'angle du donjon, se trouve une tourelle possédant un escalier de pierre qui n'est éclairé que par d'étroites ouvertures en forme de meurtrières ; à l'autre extrémité, se dressent les parties inférieures d'une tour plus importante, dans l'intérieur de laquelle se voit une salle circulaire, voûtée en cul-de-four et dont l'entrée, garnie d'un simple *tore*, est formée d'un arc surbaissé, pouvant remonter au xiii° siècle ; des meurtrières, fortement ébrasées à l'intérieur, éclairent seules cette salle obscure ; une margelle s'ouvre au centre et donne accès à un caveau souterrain voûté d'après le système de la salle supérieure et qui, autrefois, a dû servir d'oubliettes.

Quel étrange changement que celui survenu dans la destinée de ce local où, en hiver, les fruits et les légumes du fermier occupent la place des victimes d'antan !

Aucun spectre n'y fait entendre le bruit des chaînes ; aucune dame du château ne revient là, présager par ses cris, de tristes événements. — Les trésors cachés, s'ils existent, y reposent tranquillement, et le cri du hibou et de l'orfraie n'est plus, pour le pâtre de la contrée, que le cri des oiseaux nocturnes et ne le fait point frissonner.

Tout est mort dans ces tristes ruines, et

les souvenirs du passé et les illusions de l'avenir !

Tout le pourtour de l'enceinte, faite de silex taillé, est réduit à la hauteur d'un simple mur de clôture ; il ne reste rien des édifices qui devaient s'y trouver adossés, et il faudrait fouiller le sol pour en retrouver le plan exact et en constater l'importance ; cependant, sur un des côtés extérieurs, une trouée pratiquée dans la muraille a mis à jour une salle basse, souterraine, plus grande que les précédentes ; cette pièce, voûtée en berceau, devait être en communication directe avec l'un des bâtiments de la cour intérieure ; un escalier de pierre, d'une seule volée droite, y conduisait ; c'était là le vestibule d'un souterrain divisé, suivant l'usage constant du moyen âge, en une série de cellules disposées symétriquement sur chacun des flancs.

Au xiie siècle, après trois mois de siège, le château de Fauguernon fut pris et rasé par Geoffroi d'Anjou; plusieurs de ses murs annoncent encore cette époque. Réédifié plus tard, Fauguernon se trouvait en nouvel état de défense en 1449; les troupes de Charles VII, venant de Pont-Audemer, s'en emparèrent avant d'aller asseoir leur camp devant Lisieux. — Tout porte à croire que le château ne fut définitivement démantelé que sous le règne de Henri IV.

La vicomté de Fauguernon était un des grands fiefs du duché de Normandie. — Les vicomtes de Fauguernon avaient séance à l'Échiquier; les plus anciens possesseurs de cette terre étaient des Bertran de Bricquebec, famille qui remonte par filiation suivie jusqu'au temps de Rollon; il est donc probable que son ancêtre l'avait obtenue en partage après la conquête de Normandie.

Un des principaux seigneurs de Fauguernon fut Robert Ier, qui suivit à la croisade le duc de Normandie; c'était un cadet de la branche de Bricquebec, qui portait d'or, au lion vert rampant, onglé et couronné d'argent, avec un baston de gueules, pour brisure ; son fils, Robert II, avait pris parti contre le duc d'Anjou pour Eustache, comte de Boulogne ; ce fut le motif de la destruction de son château en 1137. Il fut tué l'année suivante en défendant la même cause. — Robert II avait épousé la fille d'Étienne, comte d'Aumale, dont il eut un fils créé baron par Philippe-Auguste.

Plus tard, parmi les vicomtes de Fauguernon, on retrouve les Paynel, les Garencières, les Fresnel et Robert VII.

En 1463, Montfaut, faisant sa recherche de la noblesse en Normandie, trouve à Fauguernon messire Jehan de Montemay, baron de Garencières.

Un acte original de l'hospice de Lisieux, en date du 10 mars 1493, parle de Christophe de Cerisay, vicomte de Fauguernon ; sa fille Marie, épousa Gaston de Brézé, quatrième fils du comte de Maulévrier et de Charlotte, fille de Charles VII et d'Agnès Sorel.

Fauguernon se retrouve plus tard entre les mains de Louis de Brézé, mari de Diane de Poitiers, et entre celles d'une de ses filles, Françoise de Brézé, femme de Robert IV de la Mark, duc de Bouillon, maréchal de France et gouverneur général de Normandie.

Dans la seconde moitié du xvıı° siècle, Fauguernon était passé aux Le Conte de Nonant de Pierrecourt, qui le possédèrent jusqu'à la Révolution et le laissèrent à leurs descendants actuels.

*
* *

La petite église de Fauguernon accuse, dans sa construction, plusieurs époques différentes. — Les murs du chœur sont du XIIe siècle; ceux de la nef sont du XIIIe; la chapelle et le clocher sont du XVIe siècle. — La chapelle longue, qui forme le bas côté du sud, a conservé sa jolie voûte ogivale, en merrains, avec dessins au poncis; au sous-faîte, sont attachés des blasons autrefois coloriés; sur l'un d'eux se voit encore un orle de merlettes de sable sur champ d'argent. — L'autel ne date que du siècle dernier.

Il y a vingt ou vingt-cinq ans, un desservant peu scrupuleux de Fauguernon vendit à vil prix, à un brocanteur, les fragments d'un rétable à personnages, de grand intérêt artistique, qu'il avait découvert sous l'un des petits autels, et dont les sculptures, d'une exécution remarquable, dataient du XVI° siècle; toutes les figures en étaient miniaturées et peintes en costumes pittoresques; ce travail rappelait celui de même genre, dont l'Allemagne et les Flandres nous ont laissé des spécimens. — M. de Caumont raconte que le prêtre qui s'est débarrassé de ces bas-reliefs ne s'est point arrêté dans la voie qu'il avait choisie; en effet, on chercherait en vain aujourd'hui, à Fauguernon, les belles statues aux socles ornés de blasons, que renfermait l'église; les fonts baptismaux ont été remplacés par une cuvette sans style, placée au midi, contrairement aux prescriptions liturgiques. — Le curieux tableau signé : *Pillemens*, et portant, à l'un des angles, la date de 1726, tandis que l'autre angle montrait les deux blasons originaux du donateur, membre de la famille Le Bas, de Lisieux, a également disparu. — Les Le Bas possédaient autrefois des biens à Fauguernon.

Dans les derniers jours de l'an 846, un personnage du Lieuvin nommé Hervé, dont la mère était propriétaire d'une église de Saint-Victor, probablement Saint-Victor-d'Épine, se détermina, à la suite de visions réitérées et après avoir pris l'avis de Fréculfe, évêque de Lisieux, à aller chercher à Bayeux les corps de saint Regnobert et de saint Zénon, pour les apporter dans son domaine. — Assisté de deux prêtres nommés Guinemare et Hardouin, Hervé s'introduisit secrètement dans Bayeux, alors occupé par les Bretons qui s'y étaient établis et qui en dévastaient les environs, tandis que les Normands ravageaient, de leur côté, le territoire des premiers, auxquels Charles le Chauve, pour faire la part du feu, céda plus tard le Cotentin. A la faveur des ténèbres,

Hervé put donc entrer, sans être remarqué, dans l'église profanée de Saint-Exupère, et en enlever les reliques qu'il convoitait; le lendemain, pour se soustraire aux réclamations des Bayeusains, il les transporta aussi promptement que possible, par un brouillard très épais, jusqu'à Norolles. — Ce ne fut plus ensuite qu'à petites journées, et au milieu de processions et de chants d'allégresse, qu'il arriva à Saint-Victor, où les deux corps furent exposés sur l'autel pendant quelque temps; de là on les transféra, aux frais d'Hervé, dans une petite église située à « Suiacum Villa », sur le versant du coteau de la vallée de la Touques, et qui fut placée sous l'invocation de Saint-Denis; ce vocable est évidemment très ancien, mais rien ne peut faire présumer que ce soit là le lieu de sépulture définitive des deux saints, attendu que l'église de Fauguernon, paroisse limitrophe, se trouve dédiée à saint Regnobert, et que dans la même paroisse existe encore une autre chapelle placée sous la protection du même nom.

A un quart d'heure du vieux château, un coquet moulin du xiie siècle se trouve perché sur l'escarpement d'un ravin profond où le bruit du torrent, entravé dans sa course par un enchevêtrement d'arbres touffus, parvient à l'oreille du visiteur. Cette pittoresque petite construction fut restaurée sous Louis XV et ne paraît avoir été abandonnée que vers le commencement de notre siècle.

* *
*

Sur la route de Cormeil, se trouve le château d'Ouillie-du-Houllay, placé sur la croupe d'un mamelon assez élevé; la masse carrée de ses constructions, vue des coteaux voisins, est fort imposante. — Ses tours extérieures sont de l'époque gothique, de même que la tourelle octogone que termine le campanile de l'horloge, à l'intérieur de la cour. — Toutes les autres parties de l'édifice sont de la fin du xvie ou du commencement du xviie siècle et rappellent, en un mot, le règne de Henri IV.

Le plus ancien des seigneurs d'Ouillie dont le nom soit conservé, se trouve être Martin d'Ouillie qui figure dans les rôles de l'Échiquier de Normandie, à la date de 1180. — Puis, plus aucune mention n'est faite jusqu'en 1464, où Philippe Le Veneur, baron de Tillières, partagea cette terre avec Catherine Le Baveux, veuve de Louvel l'Estourdart, qui avait une part d'hérédité dans ce fief, parce que Jean, son frère, Seigneur du Homme, tué à Azincourt en 1415, avait épousé Jeanne Le Baveux, fille de Robert Le Baveux, baron de Tillières, et d'Agnès Sorel.— La terre d'Ouillie venait des Paynel. — En 1540, René de Maintenon était seigneur et baron d'Ouillie et laissa le fief à ses descendants. — Au commencement du xvii° siècle, il appartient à la famille de Longchamp, dont plusieurs des membres furent gouverneurs de Lisieux au cours du siècle précédent. — Vinrent ensuite les d'Oraison en 1666 et enfin les du Houlley, dont le premier, Pierre, mourut en 1787.

Un peu plus loin se voit le château du Pin, ancien château fort très curieux, autrefois

muni de deux enceintes de fossés, et dont
es gros murs sont faits de matériaux pareils
à ceux employés dans les constructions romaines.

Le fort du Pin, commandé par Taupin
Dumesnil, fut détruit en 1374, par Pierre
du Tertre, secrétaire du roi de Navarre. —
Charles le Mauvais était seigneur de Pont-
Audemer et par conséquent un voisin dangereux pour le Pin. — Un seigneur du Pin
assista à la bataille d'Hastings. — En 1537,
ce château appartenait à dame Marie de
Cerisay, vicomtesse de Fauguernon. — Le
château actuel est abandonné et date du
règne de Louis XIV. — En 1867, la terre
appartenait à Mme du Prat, née de Nonant.

Près du château du Pin se trouve la belle
habitation moderne de M. du Hauvel,
entourée d'un merveilleux parc et occupant
l'emplacement d'un ancien fief, car, dans les
dépendances, se voit encore un colombier
octogone du xvie siècle.

Le Pin-en-Lieuvin est traversé par la voie antique de Lisieux à Pont-Audemer. Dans un bois situé à deux kilomètres de la route existe encore un camp de forme quadrangulaire, dont l'origine peut remonter à l'époque romaine.

Quelques très belles autres propriétés, de construction récente, dominent encore la vallée de la Touques de ce côté-là, entre autres le ravissant manoir normand de la Montaineraie, appartenant à Mme Georges Duchêne, et le château de Combray, à Mme Herbet, de Lisieux.

VI

LE VAL-RICHER

31 août 1887.

Avant de pousser plus avant notre promenade, et puisqu'aujourd'hui c'est précisément encore sur la route de Caen que se dirigent nos pas, qu'il nous soit permis d'adresser ici un dernier hommage à la mémoire de Mme de Caumont, dont le département du Calvados déplore en ce moment la perte, et qui, en ce même coin de pays, duquel il éprouvait tant de plaisir proclamer les beautés, vient de suivre dans la tombe le mari qu'elle adorait, celui dont les œuvres, au cours du travail auquel nous nous sommes astreint, ont été pour nous un si précieux auxiliaire.

※

Là-haut, sur la droite, du côté de Cambremer, se cachent au milieu des bois les façades encadrées de glycines, de l'habitation dont M. Guizot fit autrefois son séjour favori, et qui, par les soins de M. de Witt, dont les propriétés environnantes sont fort importantes, est devenue le centre d'une des plus belles exploitations agricoles de toute la Normandie.

L'avenue qui conduit à cette demeure, généralement appelée le château du Val-Richer, produit un effet des plus pittoresques, soit à cause des pièces d'eau qu'elle côtoie presque jusqu'au bout du plateau, soit par sa bordure de grands arbres, dont le feuillage touffu ne permet à l'œil de découvrir un indice de la construction qu'au moment même où le pied foule le sol sur lequel reposent les assises de l'ancienne abbaye.

Toutes les fenêtres de l'aile principale ouvrent sur un parc admirablement entretenu, dont la lisière est plantée de massifs où la flore et son contingent de couleurs variées donnent la mesure des soins qu'ils nécessitent et jettent une note de gaieté sur la nappe uniforme de la vaste terrasse.

Ici, contrairement aux installations des grandes résidences, les cuisines, qui sont au niveau des appartements du rez-de-chaussée, donnent sur le parc et sont formées d'une seule pièce immense, sorte de salle des gardes, haute de six mètres, aux murs de laquelle sont appendus, jusqu'à la naissance des corniches, d'innombrables ustensiles de cuivre, d'une si grande variété de formes et de dimensions, qu'ils donnent l'illusion d'une galerie d'armures.

Nous sommes à l'entrée des salons, luxueusement tendus de tapisseries anciennes, et ornés de tableaux de maîtres; partout, sur les meubles, gisent, artistement disséminés, de jolis groupes en porcelaine de Saxe, ou de biscuit de Sèvres, des terres-cuites, des bronzes, des ivoires, en même temps que, de tous côtés, s'étalent les souvenirs offerts à l'ancien homme d'État; voici les portraits de la reine Marie-Amélie, de l'ex-reine Isabelle, de Mehemet-Ali, le fondateur de la dynastie égyptienne; là, sont des épreuves avant la lettre, des ébauches, des marbres, etc. — La grande salle carrée dans laquelle se trouve installée la bibliothèque, n'offre d'autre attrait que celui des milliers de volumes et d'éditions précieuses que supportent les étagères en garnissant le pourtour, et desquels plusieurs semaines suffiraient à grand'peine à faire le dénombrement.

L'escalier conduisant au premier étage,

où sont placés les appartements intimes, très confortablement installés, est pourvu d'une fort belle rampe ancienne se continuant jusqu'à la cage supérieure.

Dans la série des pièces composant ces appartements, deux d'entre elles offrent au visiteur un très grand intérêt : ce sont le cabinet de travail et la chambre à coucher de M. Guizot, que les héritiers, par respect du souvenir, ont laissés tels qu'ils se trouvaient à la mort de l'ancien ministre.

Quelques jolis pastels en décorent les tentures.

Dans la première, deux grandes vitrines renferment, outre la série complète des « Mémoires » de M. Guizot, ce travail apologique de son système et de sa personne à ce point qu'un homme d'esprit de son propre parti l'intitula plaisamment : *l'histoire de quelqu'un qui ne s'est jamais trompé*, la collection entière de ses principales publications historiques — la révolution d'Angleterre — l'histoire générale de la civilisation en Europe — celle de la civilisation en France — travaux conçus à l'époque la plus brillante de sa vie, et où M. Guizot, de concert avec Cousin et Villemain, fit partie de ce trio de professeurs qui portèrent si haut la gloire de notre enseignement public. — Aux œuvres du mari sont jointes celles de la femme — les contradictions — la chapelle d'Ayton — essais de littérature — l'écolier, conseils de morale — etc., et celles-ci sont loin de déparer celles-là.

Dans la chambre minuscule, attenant au cabinet de travail, se voit encore la couche de celui qui, chaque soir, avait sa couronne de myrthe.

Ce lit d'anachorète symbolise moins les actes que les principes de l'homme auquel Bertin dit un jour :

« Vous aurez notre concours, mais jamais notre estime. »

L'ameublement de cette pièce ne donne guère, en effet, l'idée qu'on a pu se faire du hautain défenseur de Libri, promoteur des idées corruptives développées sous le règne de Louis-Philippe, appliquant au système cette harangue de Fra-Diavolo à sa troupe : « Gare à la maréchaussée ; les maladroits et les traînards sont pendus ! » et qui, méprisant, provocateur même, ne craignait point de dire à ses électeurs : « Vous sentez-vous corrompus ? » après avoir, vers 1848, à Lisieux seulement, fait porter le nombre des chevaliers de la Légion d'honneur au chiffre fantastique de « deux cent soixante-quatorze ».

On se rappelle ce mot fameux dit à la tribune : « Vos mépris n'arriveront jamais à la hauteur de mon dédain. »

Royer-Collard un jour, parlant de M. Guizot, le traita d'*austère intrigant*. — *Ai-je dit austère ?* répondit Royer-Collard, en lui tournant le dos à l'ancien ministre qui adressait un reproche.

L'indécision de la forme fut chez lui, du reste, toujours le défaut capital. — Alors qu'il était secrétaire général de l'abbé de Montesquiou, ministre de l'intérieur, M. Guizot manisfesta un jour le désir que les travaux des bureaux, pendant la semaine sainte, commençassent par une prière; mais comme il oubliait d'assigner en même temps les termes de cette prière, les malins employés imaginèrent celle-ci : « Opérez un miracle, et faites, ô mon Dieu, que l'abbé Montes*quiou* devienne un Montes*quieu*. »

C'était vraiment trop demander à Dieu.

« Tout le succès de Guizot est dans son masque, » disait une femme qui le connaissait mieux que personne.

« On n'a jamais vu, depuis Narcisse, homme plus épris de son visage, » s'écrie Eug. de Mirecourt, en parlant de la prodigieuse quantité de portraits, médaillons et bustes de M. Guizot, disséminés dans les appartements du Val-Richer.

A son lit de mort, Mᵐᵉ Guizot donne à son mari la plus haute marque d'affection que le cœur puisse inspirer, en adjurant sa religion pour le protestantisme. — N'était-ce point là plutôt un acte de remerciement en souvenir du jour où, en 1807, alors qu'elle s'appelait Mˡˡᵉ de Meulan et collaborait au *Publiciste*, fondé par Suard, la maladie la forçant d'interrompre son travail, elle reçut une lettre dans laquelle un généreux anonyme lui proposait de se charger à sa place des articles à faire. — L'offre, refusée d'abord, fut acceptée après de nouvelles instances. — Cet anonyme était M. Guizot, que Mˡˡᵉ de Meulan épousa en 1812.

* *

Le Val-Richer est une ancienne abbaye de l'ordre de Citeaux, fondée vers l'an 1146 par saint Bernard, abbé de Clairvaux, sur un terrain que lui céda, dans un échange, Philippe d'Harcourt, évêque de Bayeux. — Thomas Becket y séjourna pendant quelque temps. Ruinée par les guerres, aux xiv° et xv° siècles, désorganisée au xvi° par la Réforme, elle fut reconstruite presque en entier au xvii° siècle.

Tous les titres primitifs de cette abbaye ont été détruits ou enlevés lors de la suppression des maisons religieuses, et la Société des antiquaires de Normandie nous apprend, dans un de ses rapports, publié en 1834, qu'il ne reste plus, dans les archives du Calvados, que quelques actes du xvi° siècle, dont un seul, parmi eux, peut paraître intéressant, en ce qu'il fait connaître les dilapidations de la veuve d'Honorat de Castellan, héritière de l'abbé Dominique Le Long, qui, en 1571, remplit les fonctions d'abbesse du Val-Richer.

L'ancien mobilier du Val-Richer orne quelques églises des environs de Lisieux.— Celle de Saint-Ouen-le-Pin, entre autres, possède un bel autel Louis XV, dont le parement de toile peinte en faisait partie.

VII

DE HONFLEUR A TROUVILLE
LE CHATEAU DE BONNEVILLE

14 septembre 1887.

Depuis bientôt deux cents ans, des bassins et des quais ont, petit à petit, remplacé les remparts qui, du vieil Honfleur, faisaient jadis une importante place de guerre.

Les quatre sièges que, durant le court espace de trente-deux ans, elle soutint à la fin du XVI° siècle, et pendant lesquels la ville fut six fois pillée, sont les dernières luttes qui ensanglantèrent ses murs.

Rollon, Philippe-Auguste, les Anglais, Charles VII, les Huguenots, les Catholiques, les Ligueurs et les gens du Roy, essayèrent tour à tour leurs forces aux dépens de Honfleur, sur laquelle, en 1594, trois mille boulets furent envoyés en quelques jours.

Aucune des belles constructions de style, aucune de ces productions dues à l'imagination féconde des architectes d'autrefois, n'est restée debout. A part l'ancien presbytère de l'église Notre-Dame, qui fut détruite en 1789, presque toutes les maisons de la ville sont petites, sombres, avec portes basses et corniches saillantes.

A quelques minutes de la ville, au sommet d'un coteau dominant l'Océan, se dresse la petite chapelle de Notre-Dame-de-Grâce, lieu de pélerinage très fréquenté, dont la fondation remonte au père du Conquérant.

Sur la route qui, non loin de la mer, serpente au milieu des collines boisées, voici le village de *Vasouy*, dont le château moderne occupe l'emplacement d'un manoir dans lequel, autrefois, Jean sans Terre signa une charte.

Puis c'est *Pennedepie*, qu'une importante commanderie de Templiers rendit célèbre. La petite église du bourg est placée sur un monticule au pied duquel coule un ruisseau faisant mouvoir un moulin dont la construction remonte au xvi° siècle.

Tout cela est dominé par cette vaste forêt de Touques, dont les carrefours ombragés, les sous-bois aux teintes vertes, ou graduées jusqu'aux couleurs les plus foncées, ménagent au piéton d'agréables surprises par les échappées de lumière laissant à nu, de temps à autre, soit l'eau bleutée de la mer, soit le Havre et les côtes environnantes.

C'est au milieu de ces futaies et de ces taillis, et non loin d'une source limpide, entourée de mousse et de verdure, appelée

Fontaine-Virginie, que vers l'an 947, après la bataille de Croissanville, le roi Louis IV, dit d'Outremer, qui s'était échappé des mains de ses gardes, fut arrêté par un cavalier rouennais.

Sur la lisière des bois, à deux ou trois kilomètres de Pennedepie, se déploie le joli village de *Criquebœuf*, dont les maisonnettes, aux murs enguirlandés de fruits et de fleurs, entourent la vieille église pittoresquement élevée sur les rives d'un étang.

La tour et les murailles de ce vestige du xii⁰ siècle sont entièrement tapissées de lierre et faites de « travertin », pierre très poreuse produite par les dépôts calcaires que forment les eaux de la contrée. Des réparations inintelligentes ont malheureusement mutilé ici ce que le temps déjà avait en partie ruiné. La nef n'a conservé qu'une seule de ses travées, éclairée au nord par une étroite fenêtre à plein cintre ; les deux autres ont disparu lors de la construction de la route.

A peu de distance de l'église, se voit encore un gisement considérable de ce même travertin, que les eaux de la vallée continuent à produire, en recouvrant les plantes d'une couche assez épaisse pour leur donner l'apparence de pétrifications.

A quelque distance de la côte, apparaît, à marée basse, un banc rocheux, couvert de sable et de galets; c'est le *Ratier*, sur lequel se fait la pêche aux moules.

Ce banc, jadis, n'était pas séparé de la côte; les ravages de la mer en firent une île, et la famille de Landale, héritière des seigneurs de Villerville, possède encore, dit-on, les titres de propriété de deux fermes sises sur l'*îlot dit Ratier*.

Pour désigner les différents points de la moulière, les pêcheurs du pays disent : *la tête, le corps, les bras, les jambes* du Ratier; ces termes consacrés ont leur légende :

6.

Bien des siècles avant la naissance du bon roi Artus et des vaillants chevaliers de la Table-Ronde, la contrée que nous parcourons était habitée par quelques pauvres familles de Celtes, ne s'occupant guère que de pêche et de chasse. Un géant nommé *Ratir*, apparut sur les côtes et les tourmenta au point que, poussés à bout, les Celtes allèrent implorer le secours de leur voisine, la fée des Creuniers. Celle-ci, irritée des procédés du géant, le poursuivit dans la mer, où il s'était réfugié et, le touchant de sa baguette, le changea en silex, tel qu'on le voit aujourd'hui.

A côté de cette légende, les vieux pêcheurs de Villerville font à leurs petits-enfants, pendant les longues soirées d'hiver, le récit d'un drame dont le Ratier fut le théâtre vers 1815.

Un ouragan terrible éclate à l'heure où les pêcheuses de moules, lasses de fouiller les flancs du rocher, allaient profiter de la marée montante qui devait les reporter au rivage; mais l'Océan se soulevant tout à coup, rompt les amarres et brise les embarcations des infortunées qui, se sentant perdues, se tordent de désespoir à la vue des parents, des frères, des amis, que le danger pressenti vient d'amasser sur la plage; aucun bâtiment, sur les côtes, n'est en état de tenir la mer; cependant un homme accourt, saute dans une barque et se dirige vers le Ratier comme s'il pouvait espérer faire route sur des montagnes mobiles. Cet homme, c'est André Pornic, le fiancé d'une des prisonnières, Jeannette, belle fille dont le teint et la régularité des traits ont résisté au hâle dont les rives de la mer cuivrent le front des femmes de pêcheurs. — Peu à peu, les malheureuses voient décroître l'espace où il leur est encore donné de vivre et, se tenant enlacées, se resserrent, cherchant de la sorte à retarder de quelques instants la mort inévitable ! — Déjà le niveau de la mer atteint leurs pieds nus et, de temps à autre, une vague emporte celles qui, affolées, se séparent du groupe glacé par la terreur! — Un spectacle épouvantable frappe alors leurs regards. — Le curé du village est arrivé sur la plage et, de loin, dit la prière des morts, aspergeant d'eau bénite la mer en furie, comme il le ferait d'un immense cercueil! — Le prêtre a eu le temps d'achever sa prière; une vague, en cet instant, rejette à ses pieds le cadavre d'André, tandis que la moulière et ses victimes disparaissent sous les flots.

. *.
. .

Le Ratier s'étend jusqu'à *Villerville*, dont le bourg domine une falaise coupée à pic et offrant peu de résistance à la violence du vent, malgré les brise-lames qui la protègent. — Mais quel joli pays que ce nid de pêcheurs, huché sur la hauteur, entre des prairies moutonneuses et des cours plantées de pommiers. — Toute cette verdure, coupée d'un côté par d'étroits vallons, s'étage en replis harmonieux jusqu'aux coll᾽ es boisées qui la couronnent. Sur la plage, entre un talus de galets et les roches noirâtres de la moulière, hérissée de pieux, c'est un long promenoir de sable doré! — A gauche, c'est la mer et les innombrables féeries du soleil couchant, et à droite, la côte de Grâce et l'embouchure de la Seine. — En face, se détache la rade du Havre et la silhouette embrumée du cap de la Hève, dont la sirène, qui y est installée, jette au loin des sons rauques et prolongés, comme un râle effrayant des malheureux, qu'à une autre époque les flots, à cet endroit, firent également disparaître.

C'était vers la fin du xvie siècle, Aignan Lecomte était soldat et faisait partie de la garnison du Havre, logée dans la grosse tour François Ier, qui défendait l'entrée du port. — Une jeune fille de la ville était la fiancée de notre héros, qu'un officier jaloux et amoureux, nommé Letournois, exécrait pour ce fait. — En ce temps de guerres intestines et de querelles religieuses, l'armée était composée des éléments les plus divers; la discipline était donc fort sévère, et les règlements laissaient à la merci des

chefs le soldat convaincu d'y avoir manqué.
— Letournois résolut de perdre son rival ;
une absence à l'appel du soir pouvait seule
le lui livrer. — Sur la foi d'un rapport ca-
lomnieux, Lecomte se rendit à la pointe de
la Hève où, trompée par un procédé ana-
logue, sa fiancée l'avait devancé. Après
quelques explications, l'infâme machination
préparée par l'officier se fit jour dans l'esprit du jeune soldat qui, sans perdre une
minute, entraîne sa compagne et s'élance
dans l'embarcation qu'il venait de quitter,
faisant force rames pour pouvoir toucher
barre avant l'heure de l'appel, bien
décidé à déserter s'il ne peut y parvenir.
— La barque vole sur les eaux et arrive à
quai avant que l'heure fatale soit sonnée ;
Aignan dépose un dernier baiser sur le front
de celle qu'il aime, la quitte hâtivement et
prend le chemin du quartier. — Mais, à
peine est-il à mi-route, que l'heure sonne,
lugubre comme un glas ! — La jeune fille,

par ses cris, supplie son amant de retourner sur ses pas; dans la rapidité de sa course, le soldat n'a entendu ni la cloche, ni la voix bien-aimée, et, hors d'haleine, arrive devant la tour où Letournois, escorté de gardes, l'attend de pied ferme et le somme de se rendre. Lecomte, fou de rage, cherche inutilement à frapper l'officier de son épée; une porte entr'ouverte lui permet de s'élancer dans la tour et de s'y barricader; la fusillade dirigée sur les meurtrières ne l'atteint pas; Lecomte en profite pour monter aux remparts et rouler sur les assaillants devenus de plus en plus nombreux, de lourdes pierres qui les écrasent, lorsque Letournois, qui s'est dressé sur une échelle, le surprend de dos et l'abat d'un coup de mousquet tiré à bout portant.— Le soldat, rassemblant ses forces, se soulève à demi et son regard alors, déjà voilé par la mort, se tourne douloureusement vers la mer, où flotte la barque au fond de laquelle la jeune fille, anxieuse, s'est blottie et prie avec ferveur. — L'officier a surpris le regard du mourant et, descendant en hâte, s'est emparé d'un esquif qu'il lance à la poursuite de celle qui, pour le fuir, s'éloigne du rivage mais Letournois prend de l'avance et atteint la fugitive au moment où, affolée, elle va se jeter à la mer ! — Ses forces se sont décuplées; poussant un éclat de rire strident, elle étreint de ses mains crispées le cou de l'officier, qu'elle entraîne avec elle dans l'abîme.

Et l'on dit encore aux veillées du pays que, lorsque par une nuit sombre, l'Océan roule ses lames écumantes, la lutte recommence entre les deux fantômes, et que les cris de la folle et le râle de Letournois se mêlent aux sifflements de la tempête.

⁂

A peu de distance de Villerville, se cache le hameau du *Grand-Bec;* puis voici les *Creuniers*, lieu de refuge de cette fée qui mit fin aux exploits du géant Ratir. — Ce sont là de hautes falaises crevassées, que les anciens de la côte disent avoir été habitées par des génies et des farfadets. — Quelques trous béants y ont assez d'analogie avec des issues souterraines. — Dans l'un d'eux, dit la légende, on ne pouvait s'aventurer sans lanterne il y a vingt ans encore; on le croyait hanté par de lugubres apparitions.

La route contourne un ravin boisé, puis arrive à *Hennequeville*, hameau bâti sur des roches à la base creusée par l'eau et du haut desquelles se déroule un ravissant panorama ; plus loin, c'est *Lieu Godet* et sa luxuriante végétation ; le *Chalet Cordier*, où séjourna M. Thiers en 1872, placé su ce plateau de la corniche, d'où le regard embrasse une grande partie de la Manche, depuis l'embouchure de la Seine et le phare de la Hève, jusqu'aux côtes de Cherbourg et à la pointe de Barfleur. Quel spectacle grandiose est celui dont peut jouir, du haut de ce plateau, le promeneur assez matinal pour y arriver à l'heure où le soleil commence à dissiper les vapeurs marines et fait étinceler les gouttelettes de rosée, suspendues aux herbes de la pelouse !

Trouville et sa belle plage sont au pied de la colline. — Là où, il y a soixante ans, ne s'élevait encore qu'un modeste village formé de cabanes de pêcheurs, se dresse à cette heure une ville où, seul le millionnaire a droit de cité.

Auguste Villemot raconte qu'un jour, pour ne pas être écrasé dans une des rues de Trouville, il avait dû s'arrêter sur la porte d'une boutique occupée par un tailleur qui, pour faire payer son hospitalité, voulut, de gré ou de force, lui prendre mesure d'un pantalon. — Comme le spirituel critique s'étonnait à bon droit d'un aussi violent procédé, le tailleur lui fit cette réponse : — « Que voulez-vous, monsieur, *c'est la saison*, il faut que nous en profitions. »

Parmi les curiosités de la ville, on montre, au fond d'une des rues les moins fréquentées, la maison de modeste apparence dans laquelle, pour ne pas être inquiété, Louis-Philippe se cacha pendant trente heures, avant sa fuite en Angleterre, en 1848.

Sur la rive gauche de la Touques et attenant à Trouville, *Deauville*, que la mer semble fuir, étale, au sommet d'une colline verdoyante, sa jolie petite église romane, paraissant dater du xi° siècle et dont le chœur est terminé par une abside circulaire soutenue par trois contreforts très plats ; celui du milieu est percé d'une petite fenêtre en forme de meurtrière, disposition assez rare en Normandie.

Près de là, sur le mont Canisy, auprès du village de Touques, sur la route de Pont-l'Évêque, se trouvent les ruines du château *de Lassay*, beaucoup moins intéressantes pour elles-mêmes que par les souvenirs qui s'y rattachent, et surtout par l'agrément de la route qui y conduit, à travers un pays boisé.

Ce château de Lassay, dont les murailles supportent aujourd'hui un phare, fut construit sous Louis XIV par le comte de Médaillan, marquis de Lassay, et d'une façon assez originale pour être rapportée.

Médaillan, fort épris des charmes de Mlle de Montpensier, l'avait à différentes reprises, engagée à aller passer la saison d'été en Normandie, dans un château qu'il possédait sur les bords de la mer. Or la princesse, certain jour, accepta l'invitation du galant marquis, dont les propriétés en Normandie ne se composaient que de pâturages. L'amoureux fut pris au piège et rassembla en hâte les ouvriers de la contrée; il pressa les travaux de telle sorte que, trois mois après, comme par enchantement, le château ouvrait ses portes à la « grande Mademoiselle ». Celle-ci, émerveillée de la beauté du site, ne sut point cacher que son unique désir serait de finir là sa vie avec l'homme aimé; l'aveu fut cruel pour le tendre marquis, car l'homme aimé était Lauzun! — Mais l'insolence que celui-ci montra plus tard, en se faisant un jour tirer ses bottes par la Montpensier, servit de vengeance au rival, qui se consola en épousant tour à tour la belle Marianne Pajot, Julie de Chateaubriand et la marquise de

Boujols ; cette dernière était plus jeune que lui de quarante ans.

Le comte de Médaillan mourut veuf à quatre-vingt-six ans, léguant son château à Lauraguais, qui y donna des fêtes splendides en l'honneur de la Dubarry et de Sophie Arnould.

***

Voici, à peu de distance, les vestiges imposants d'une des résidences favorites de Guillaume le Conquérant, le *château de Bonneville*, avec ses fossés profonds, ses murs d'enceinte couverts de lierres séculaires, ses vieilles tours crénelées, percées de meurtrières, et ses salles souterraines, d'un accès difficile, dans lesquelles la légende place des oubliettes où la dernière victime aurait vécu trente ans, au moyen d'aliments grossiers qu'on laissait tomber par l'étroite ouverture ménagée au milieu de la voûte.

Bonneville doit être antérieur au xi° siècle,

quoique sa belle porte ogivale, de dimensions colossales, paraisse dater du xii°.

Avant son départ pour l'Angleterre, le Conquérant proclama Mathilde, sa femme, régente de Normandie, dans un conseil privé, tenu au château de Bonneville.

Une fenêtre de la *Tour du Conseil* a conservé le nom de la reine Mathilde, qui, en l'absence du roi son maître, a bien pu choisir de préférence cet endroit, pour travailler à cette tapisserie que conserve si précieusement la ville de Bayeux.

Lorsqu'en 1065 Harold se rendit en Normandie pour réclamer de Guillaume les otages qu'Edward lui avait confiés, ce fut dans la salle du Conseil, à Bonneville, qu'en présence des barons assemblés, le messager d'Edward renouvela le serment fait au duc, de l'aider à obtenir le royaume d'Angleterre à la mort du roi. — La veille du jour fixé pour la réception, Guillaume s'était fait apporter les ossements de tous les saints inhumés dans le pays. Il en fit remplir une immense cuve qu'on recouvrit d'un drap d'or, et, quand Harold eut prononcé le serment demandé, Guillaume souleva le drap et lui fit voir les reliques qui devaient garantir sa foi.

Malgré la solennité de cette promesse, Harold, en bon Anglais, l'oubliait un an plus tard, et l'expédition fut décidée.

AUTOUR DU PAYS D'AUGE

DEUXIÈME PARTIE

VIII

FALAISE

20 septembre 1887.

Collines de verdure, champs cultivés, futaies, prairies ensoleillées, rien n'est plus varié d'aspect que la route conduisant à cette vieille cité, pêle-mêle pittoresque de jardins, de vergers, de bruyères, de taillis, d'étangs et de manoirs.

Que de souvenirs se déroulent dans ce panorama pris des roches bordant le lit de la petite rivière d'Ante qui, sinueuse, coule au pied du château !

Le donjon percé de fenêtres, la brèche ouverte, la mousse sur les ruines, les belles filles au costume simple, tout rappelle là les jours d'Arlette, fille d'artisan, mère d'un Roi !

C'est du haut de ces murs, si solides sur leur base encore aujourd'hui, que le père de Guillaume entrevit, demi-nue, celle qui d'un pied timide interrogeait l'eau de la fontaine.

Quel autre que Jules Janin eût mieux pu décrire cette scène : Elle était seule, l'eau était claire, le ciel était bleu ; elle ne savait pas qu'on la regardât de si haut : et encore quand elle l'eût su !

Vous qui parlez, disent les critiques, verriez-vous de si loin une belle fille qui se baigne ? — Nous en doutons. — Mais je ne suis pas le duc Robert.

Vois-tu mon étoile? disait Napoléon en montrant le ciel. —Non, répondit l'homme. — Eh bien ! moi, je la vois.

Blonde, svelte, la couleur d'une fleur d'églantier ouverte et franche, ni fière ni humble, belle fille accorte, avenante et de bon port. Le duc la vit, le duc l'aima; il voulut la voir, elle vint : elle vint toute parée, robe fraîche et séante à sa taille, beauté relevée par la crainte, l'espoir, un peu de honte, et qui sait? un brin d'amour ! L'ami du prince alla chercher Arlette en grand mystère. « Mettez cette cape, damoiselle, afin qu'on ne vous voie. » — Mais elle, la brillante et l'honnête : « Fi ! dit-elle, je ne me cache pas, j'y vais franchement. On se cache quand on se vend, on se montre quand on se donne ! Allons donc, et devant tous amenez votre haquenée, et qu'on me voie. Après tout, je suis fille de Prud'homme, et qui me verra passer me saluera. » — Et comme elle avait dit, elle fit. Elle montait une blanche haquenée, tenue par des serviteurs ; fin corsage, fine et blanche chemise, pelisse grise, robe flottante et non lacée,

séante à sa taille, séante à son teint, manteau
nouvel et de bon goût; longs cheveux mal
arrêtés par un réseau de fin argent; belle
s'il en fût, éloquente du regard, du geste,
de l'âme. Un sien parent, le bon ermite du
bois de Gouffern, la bénit en lui disant :
Va, ma fille! Son père et sa mère la regar-
daient partir, les yeux pleins de larmes;
elle alors, dans un doux sourire, versa une
larme, une seule; et puis : Adieu! père.
Adieu! mère. — C'est qu'elle sentait dans
son cœur que depuis Hector, ce preux de
Troie qui fut fils de Priam, jamais plus belle
jeune fille n'avait mis au monde un enfant
pareil à l'enfant qui fut fait cette nuit-là.

Cette douce image d'Arlette plane encore
sur toutes les campagnes.

> — Le hasard fait souvent les grands,
> — Vive le fils d'Arlette!
>   — Normands,
> — Vive le fils d'Arlette!

dit la ronde falaisienne.

Le temps et les hommes ont brisé le donjon ; la jeune et gracieuse beauté de cette fille a gardé tout l'éclat printanier des jeunes amours.

⁎⁎⁎

Le château de Falaise s'élève à la pointe la plus escarpée de la ville; la situation était bien choisie.

Les fossés qui l'entourent, très profonds autrefois, étaient remplis d'eau, par étangs superposés au moyen d'écluses. Des maisons et des vergers, pittoresquement groupés le long de la rivière, sillonnent aujourd'hui ces fossés.

Le donjon était fortement bâti, en carré long; un des angles de ce carré se termine en pointe vers le midi; les remparts de l'ouest et du midi sont flanqués de hautes tours; la forteresse domine tout le vallon.

La porte d'entrée ne date que du

xiii° siècle; elle se compose de deux arcs ogives entre lesquels descendait la herse. La rainure, les gonds, existent encore. La tour de défense est debout également.

Les remparts sont très larges. — En face de la tour de la Reine se dresse majestueusement le mont Mirat, à soixante-six mètres au-dessus du niveau de l'Ante, qui le coupe en deux, et sur le haut duquel Henri V d'Angleterre plaça les engins au moyen desquels il lança, pendant trois mois, des projectiles énormes sur la ville et le château.

Auprès de cette tour, voici la brèche par laquelle entrèrent les soldats de Henri IV.— « Falaise ! elle est à nous ! » s'écria le Béarnais, au pied de cette brèche. La poterne qui, en cet endroit, se trouve au-dessous de la muraille, serait l'entrée des souterrains dont l'accès n'est plus possible aujourd'hui, et qui, faisant le tour des remparts, se dirigent du côté de l'église Saint-Gervais.

Un peu plus loin, c'est l'ancienne promenade de la Cour, dominant la route de Vire, ou la patrie d'Olivier Bancelin, le père des *Vaux-de-Vire* et de la chanson normande, tué, dit-on, par les Anglais.... L'époque était rude, la guerre menaçante, l'Anglais impitoyable, mais la ville était si calme, les jeunes filles si belles et Bancelin si heureux et si jeune! A vingt ans, quand on est poète, on ferait des chansons amoureuses au milieu de la bataille; l'amour et la poésie parlent plus haut que la guerre; une belle fille qui passe en jetant un coup d'œil agaçant fait oublier la trompette d'alarme.

Nous voici au pied de l'immense escarpée sur laquelle est assis le château proprement dit, avec ses murs faits de schistes posés par couches obliques en forme d'arêtes de poisson et de feuilles de fougères. — Les fenêtres à plein-cintre sont intactes et les ruines sont majestueuses, quoiqu'elles aient perdu de leur élévation. En 1203, nous dit Guillaume le

Breton, il était impossible de lancer un trait à leur sommet.

On n'entre plus au premier étage, mais de l'endroit où se trouvait la porte principale, perchée à une grande hauteur au-dessus des fossés, la vue est superbe. En dessous de cette porte, au fond d'un ravin intérieur, se voit encore une autre entrée souterraine.

Au second étage, qui se ressent de la rudesse du x° siècle, on touche au seuil de cette niche de l'angle nord, dans laquelle Guillaume, le plus grand des Normands, a vu le jour. — Simple petit réduit d'amour que cette pièce prise dans l'épaisseur du mur et du contrefort et placée auprès de la chambre que devait occuper Robert et dont la belle fenêtre à double baie cintrée lui a permis d'apercevoir la jeune Falaisienne.

Auprès de la cheminée, sous une voûte légère, est l'alcôve dans laquelle, suivant la *chronique latine de Tours*, Arlette, reposant auprès de son amant, tressaillit. — « Qu'avez-vous, ma mie ? » lui dit Robert : « Seigneur, je songeais que mes entrailles se dilataient et que, semblables à un grand arbre, elles couvraient de leur ombre la Normandie et l'Angleterre. »

Puis vient le cachot d'Arthur, duc de Bretagne, trou de dix pieds de long sur trois de large, trop vaste encore pour l'avoir fait mourir et lui épargner de la sorte le poignard de Jean sans Terre.

Voici la tour Talbot dont les murs ont plus de quatre mètres d'épaisseur et s'élèvent encore à la hauteur de cent onze pieds. — Doubles créneaux, meurtrières, escaliers tournants, puits, herses, voûtes de pierre, souterrains, oubliettes, tout est réuni dans ces murailles, sombre majesté de la guerre ! En s'enfonçant sous ces voûtes, en comptant les degrés qui descendent aux parties inférieures toujours voilées d'ombres, on éprouve quelque chose d'insurmontable. — Cette tour a son pendant dans une citerne qui se trouve vers le milieu du rempart. Les dimensions de cette citerne, creusée pour approvisionner d'eau la garnison, sont les mêmes que celles de la tour Talbot, et le plan intérieur suivi dans la construction reproduit exactement les divisions étagées de celle-ci. Ce puits communique avec des salles souterraines, et on assure que dans l'épaisse couche de schistes qui en soutient les murs, il se trouve des roches caverneuses couvrant des masses d'eau considérables. — Une légende veut que des canards tombés dans la citerne prissent un jour le courant et débouchèrent sur les bords de l'Orne; là, heureux de recouvrer l'air pur et la liberté, ils firent entendre leurs joyeux *cans cans* et fournirent de la sorte aux Saxons indécis le nom de la ville qu'ils fondaient.

La chapelle Saint-Prix, qui s'élève au-dessus des roches symboliques, autour desquelles procédèrent sans doute à leurs jeux les descendants du duc Robert dans les années de jeunesse, rappelle, par la triple arcade romane de son chevet, la régularité des assises et les chapiteaux à palmettes des colonnes qui en occupent le centre, l'époque de Guillaume et de ses fils ; l'intérieur aujourd'hui en est pauvre et nu, mais il suffit, pour la rendre intéressante, que le Conquérant et ses enfants, Philippe-Auguste et Jean sans Terre, Henri V et le grand Talbot, Charles VII et ses chevaliers, Henri IV et Biron, en aient foulé les dalles qui subsistent encore.

* *
*

Du haut du Mont-Mirat, entourée de ses hautes murailles flanquées de tours et dominée par une citadelle semblant se balancer comme une machine de guerre au milieu des eaux de ses étangs qui alimentaient chacun trois fossés étagés sur toute l'étendue de son enceinte, cette ville de Falaise devait être merveilleuse à voir.

On montre encore dans ces fossés, à l'entrée du val d'Ante, au-dessous des fenêtres du château, côté nord, et au milieu de tanneries et de moulins, la petite fontaine, cause première de la fortune d'Arlette.

Presque en face, à l'extrémité des rochers qui font saillie sur l'abîme, se voit l'entablement d'un autel sur lequel, prétend-on, les Druides faisaient leurs sacrifices humains, et, sous la masse des blocs qu'on dirait entassés par des mains de géants, la *grotte de Mercure*, sanctuaire du dieu qui embarquait sur le fleuve d'Ante les âmes des victimes immolées.

* *
*

Quelle que soit son origine, le château de Falaise ne prend place dans l'histoire que du jour où, en 1027, le duc Robert s'y retrancha pour résister à Richard, son frère. — Mais à quels événements ses murs n'ont-ils pas servi de témoins depuis que, y laissant Arlette et son enfant, Robert court en Terre-Sainte, semant partout sur son passage les marques de sa magnificence : à Constantinople, faisant ferrer sa mule de quatre fers d'or; à la Cour, défendant à ceux de sa suite de reprendre leurs manteaux, tombés suivant l'usage oriental en présence de l'Empereur. — Un chambellan s'avise-t-il de lui rendre le sien, Robert répond que tout vêtement touchant terre ne sert plus aux Normands. — Puis, le voilà qui meurt à son retour, empoisonné en Bithynie. — Pendant ce temps, le jeune Guillaume a grandi et, à neuf ans, fait ses premières armes en reprenant le château que le traître Toustain, qui y commandait pour lui, tentait de livrer au roi de France.

Et dès lors, ce n'est plus pour le jeune Prince qu'une suite ininterrompue de combats et de victoires, depuis la bataille de Val-ès-Dunes, contre les seigneurs du Cotentin, révoltés, jusqu'au jour où, à Pont-l'Évêque, devant les barons normands assemblés, le fils d'Arlette explique sa volonté, la conquête de l'Angleterre !

Brillante expédition, certes, que celle-là ! — Débarquant sur le sol anglais, Guillaume fait un faux pas et tombe, la face contre terre : « Dieu nous garde, disent plusieurs voix, voilà un mauvais signe ! » — Qu'avez-vous, répond le duc, en se relevant, quelle chose vous étonne ? J'ai saisi cette terre de mes mains et par la splendeur de Dieu (c'était son juron) elle est à moi, elle est à vous. » — Il venait de renouveler le mot de César devant Alexandrie et, mieux encore qu'en Égypte, cette phrase produit son effet. Le chef brûle ses vaisseaux pour montrer à ses troupes qu'il faut vaincre ou mourir et, en une seule journée, à Hastings, soixante mille Anglais mordent la poussière.

En 1086, Guillaume achève le cadastre anglais commencé depuis deux siècles et, sanglante ironie, revient tomber à Mantes, dont il avait fait le sac, après avoir injustement fait rouler sur l'échafaud la tête de Waltéof. Son cheval, au milieu des décombres, s'abat sur un brasier et, cruellement blessé, le Conquérant, six semaines après, expire à Rouen, au milieu d'atroces souffrances. — Ses gens l'abandonnent ; seul un gentilhomme, Herluin, s'empare du cadavre et le transporte à Caen. — Le 10 septembre 1087, au moment des funérailles, un homme sort de la foule rassemblée sous les voûtes de Saint-Etienne et s'écrie : « Ce terrain est à moi, c'était l'emplacement de la maison de mon père; l'homme pour lequel vous priez me l'a volé; je défends qu'on y place son corps et qu'on le couvre de ma terre. » — Cet homme s'appelait Asselin : Son droit est reconnu, et Henri, le seul des fils de Guillaume qui assistât aux obsèques, lui rend justice sur-le-champ. — Mais tout devait être extraordinaire et dans un tel prince et dans une telle journée : la fosse murée qui doit recevoir le corps est trop étroite; il faut forcer le cadavre à y entrer ! Celui-ci, tout royal qu'il était, se crève, et les exhalaisons qui s'en échappent font fuir les assistants. Le clergé, en hâte, achève la cérémonie et la terre reçoit enfin la dépouille du vainqueur d'Harold !

⁂

A la mort du Conquérant, des divisions éclatent entre les membres de sa famille et s'accroissent sous le règne de Henri Iᵉʳ.

Falaise alors soutient plusieurs sièges.

Étienne de Blois, Geoffroi d'Anjou, Henri II, roi d'Angleterre, Richard Cœur de Lion, Jean sans Terre et Philippe-Auguste en furent successivement les maîtres.

En 1417, ce fut Henri V d'Angleterre qui, après en avoir pris le château, y fit élever la tour portant le nom du gouverneur qu'il y plaça : Talbot. Les Anglais s'y maintinrent et n'en furent délogés qu'en 1450, par Charles VII.

Un siècle de tranquillité s'écoule. En

1562, la ville tombe pendant quelques mois entre les mains des protestants. — Coligny, Montgomery, Matignon, se la disputent tour à tour, et enfin Henri IV, en 1590, en chasse les Ligueurs, profitant du premier jour de janvier pour envoyer ses boulets d'étrennes. Six jours plus tard, la brèche est faite et l'assaut est donné ; mais la porte donnant sur la ville est fermée ; les Royaux l'enfoncent et s'élancent dans les rues, massacrant les bourgeois décidés à la résistance ; personne ne se ménage ; d'un côté, on se bat pour l'honneur du drapeau, de l'autre, on frappe dans l'intérêt de la religion. — Un jeune Ligueur du nom de La Chesnaye se tient, intrépide, au milieu de ses compagnons terrassés et se multiplie pour la défense de son poste ; on le somme de se rendre ; il s'y refuse et est abattu d'un coup de mousquet ; une femme surgit à sa place, s'empare des armes de celui qui n'est plus, s'élance dans la mêlée, et bientôt est blessée à mort ; elle recueille ses forces pour venir expirer auprès du corps de son amant. Des historiens l'ont nommée Charlotte Herpin. — Pendant que La Chesnaye et sa maîtresse défendaient l'entrée de la ville, une autre femme, « la Grande Éperonnière, » debout sur une barricade, excite les assiégés à repousser l'armée envahissante ; de son poste elle atteint tous ceux qui l'approchent ; frappés de sa beauté, les soldats la ménagent ; il se fait un temps d'arrêt ; le Béarnais s'est enquis de l'incident et arrive à la barricade.

— Que veux-tu ? dit-il à la femme.
— Que tu ménages les vieillards, les enfants et les femmes.
— Soit, dit Henri ; mets bas les armes.
— Que les Huguenots ne saccagent pas nos Églises.
— Elles seront respectées, mais cesse de résister.
— Que tes soudards ne pillent pas la rue que je défends et où pleure mon vieux père qui va mourir.
— Elle sera épargnée, je te le jure.

— En ce cas je me retire et te laisse le champ libre.

— Ventre Saint-Gris, dit le Béarnais, tu seras *la royale militaire;* ta hardiesse me plaît.

Déjà maîtres de la ville et du château, les soldats de Henri IV attaquent le donjon, quand Brissac, retiré là, demande à capituler; Le Roi ne veut rien entendre. — « Que Brissac, dit-il, vienne sur parole. » — Le Ligueur vient et se sauve de la sorte.

Henri écrit le lendemain à la belle de Guiche :

« Mon âme, depuis le parteman de Ly-
« ceran j'ai pris les villes de Séez, Argentan
« et Falaise où j'ai attrapé Brissac et tout
« ce qu'il avait amené de secours pour la
« Normandie. Je pars demain pour aller
« attaquer Lisieux, en m'approchant du duc
« de Mayenne qui tient assiégé Pontoise.
« Mes troupes sont crues depuis le départ
« de Lyceran de bien 600 gentilshommes
« et 2,000 hommes de pied !.. J'ai fait la cène

« en nuit que je ne pensais pas faire en
« Normandie.

« De Falaise, ce huitième janvier.

« *P. S.* — En achevant cette lettre, ceux
« de Bayeux m'ont apporté leurs clefs, qui
« est une très bonne ville. »

Le Béarnais fit démanteler le château. —
La tour Talbot seule resta debout, mais
découronnée.

L'histoire militaire de Falaise se trouve
ainsi encadrée entre deux épisodes d'amour ;
d'un côté, c'est Arlette se jetant dans les
bras du duc Robert ; de l'autre, c'est Charlotte expirant sur le corps de son fiancé !

*
* *

M. Hurel, dans son « Étude historique sur le château de Falaise », raconte que Louis-Philippe, se rendant à Cherbourg, s'arrêta à Falaise. — Après avoir reçu à l'Hôtel de Ville la municipalité, les magistrats, le clergé, le collège, etc., le Roi, le soir, se promena sur le rempart ; il visita la tour de la Reine, le donjon, le cachot d'Arthur et la chambre d'Arlette. Montant sur la tour Talbot, il interrogea l'horizon et ne put maîtriser un frisson en mesurant l'abîme qui s'ouvrait à ses pieds.

Vers minuit, le Roi rentra à l'Hôtel de Ville par un pont-levis jeté sur l'ancien fossé du château. Encore tout ému de ce qu'il avait vu et des souvenirs que ces lieux lui rappelaient, il dit à sa suite :

« Convenez, Messieurs, que les peuples et les rois sont bien mieux aujourd'hui que du temps de nos pères. »

Louis-Philippe ne prévoyait pas 1848.

*
* *

En sortant du château, la statue monumentale du Conquérant se dresse sur la place de la Trinité. Guillaume est représenté à cheval, dans le costume qu'il portait à Hastings et tenant ferme et haut le gonfalon du Pape. — Autour du socle, entre Rollon et Robert, sont groupés les ducs de Normandie.

Puis à gauche, c'est l'Hôtel de Ville, reconstruit sur l'emplacement de l'ancien Prétoire et dans lequel, vers la fin du xive siècle, fut rendue cette curieuse sentence dont il existe encore des traces dans les papiers de la ville. Une truie fut condamnée à mort pour avoir mangé le visage d'un enfant au berceau. Après avoir subi la peine du talion, c'est-à-dire après avoir eu le grouin coupé, l'animal, revêtu d'une veste, d'un haut-de-chausses et ganté, fut pendu haut et court, en présence du maçon Journet, père de la victime, et du bailli Jean Couveville, portant habit vert et panache rouge. Dans une des chapelles de l'église de la Trinité qui se trouve à l'autre extrémité de la place, une fresque reproduit encore cette grotesque exécution.

L'église de la Trinité se trouve aujourd'hui en contre-bas de la place. Elle appartient tout entière au style ogival. Sa façade principale, très ornée, tombe malheureusement en ruines; d'épaisses touffes d'herbes y poussent dans les interstices des pierres d'élévation. Un joli portail de la Renaissance, délicatement sculpté, donne accès à l'intérieur de la nef. Le chœur et les bas-côtés sont éclairés par de grandes fenêtres ogivales à compartiments dans le style du XVI° siècle.

Quelques-unes des maisons de la ville offrent encore à l'œil d'anciennes façades très curieuses. Le Palais de Justice est orné d'un superbe balcon de fer forgé, de l'époque de Louis XV.

La Grand'Rue-Saint-Gervais, la rue de la Pelleterie, la rue des Boulangers et la Grand'Rue-Sainte-Trinité, sont à voir. — Non loin de cette dernière, près d'une maison dont l'entrée donne sur la Grand'Rue-Saint-Gervais, on trouve la tour David, auprès d'un petit pavillon couvert en plate-forme et dont les ornements, ainsi que ceux de la maison voisine, sont de l'époque de la la Renaissance et faits d'arabesques très curieuses.

La porte Ogise ou *des Cordeliers*, dernier vestige d'un couvent de capucins fondé par saint Louis vers la moitié du xiiie siècle, secondé dans cette tâche par Pierre de Pont d'Ouilly, un des principaux seigneurs du pays. Sur l'emplacement de ce couvent, aujourd'hui disparu, s'élevait autrefois un vieil édifice entouré de jardins et muni d'un colombier. On le désignait sous le nom de *Manoir de Guillaume*. — La porte Ogise est la seule qui reste du temps des sièges de Falaise. Elle se compose de deux arcs ogives, dont l'un, celui de l'extérieur, a plus de sept mètres de hauteur. La porte de guerre où la herse descendait dans une rainure entre les deux cintres. On voit encore d'un côté de la muraille les gonds qui la soutenaient. Une de ses deux tours de défense est debout aussi.

Non loin de cette porte se trouve la rue du Campferme, défendue si vaillamment par la Grande-Éperonnière.

L'église Saint-Gervais, très beau monument du XIIe siècle, est malheureusement masquée par d'affreuses masures contre lesquelles elle se trouve aujourd'hui adossée. Sa tour romane, son grand toit à quatre pans, son portail élevé sur un perron et précédé d'un porche couronné par un fronton garni de crochets, la galerie régnant à la hauteur du toit, les gargouilles, les salamandres, sont dignes d'être dégagés de leur entourage.

* *
*

Falaise possède deux faubourgs princi paux, assez distants de la ville centrale : Saint-Laurent et Guibray.

Le premier touche à Versainville, dont le château, entouré d'un très beau parc, remonte au xviii° siècle. La petite église de Saint-Laurent s'élève sur un promontoire de grès bordant la rivière d'Ante. Un escalier donne accès au monument qui, sauf le clocher, doit dater du xi° siècle, les murs en étant construits en arêtes de poisson.

Guibray, de son côté, par sa position sur un plateau élevé, au sud de Falaise, ressemble à une petite ville indépendante de l'autre. Des environs, ses maisons s'aperçoivent bien avant celles de Falaise. — Le château de la Fresnaye, où Napoléon Ier s'arrêta en 1811, se développe sur la droite au milieu de la plus riante perspective. C'est une construction du xviiie siècle, à un seul étage et d'une architecture fort simple; mais, de la grille du parc, on embrasse presque toute la ligne des anciens fossés de la ville et ce qui reste des murailles.

L'église du faubourg de Guibray réunit les styles de plusieurs époques; le chœur est du xie; la nef du xiie; les bas-côtés, les arcs-boutants et les contreforts du xve siècle. Un portail précédé d'un porche roman et dont l'archivolte, ornée de palmes, de zigzags, de losanges, repose sur des chapiteaux fort curieux, est digne d'attention.

Entre Guibray et Falaise se trouve l'abbaye de Saint-Jean, fondée vers 1127, par un bourgeois de la ville, nommé Godefroy, fils de Rou.

Guibray est le centre d'une foire très importante. Un quartier du faubourg, percé de plusieurs rues parallèles aboutissant à deux rues principales, est disposé spécialement pour recevoir les marchands.

L'origine de cette foire, instituée par Robert le Magnifique et qui fit pendant tant de siècles la fortune de Falaise, puisque vers la fin du xviii° siècle les affaires qui s'y traitaient annuellement atteignaient encore le chiffre énorme de vingt-cinq millions, est bien curieuse à rapporter :

Dans les premiers temps du viii° siècle, le terrain sur lequel est bâti le faubourg de Guibray était recouvert d'une forêt de chênes et de châtaigniers. Un berger s'aperçut un jour qu'un de ses moutons, au lieu de paître l'herbe, s'était arrêté à gratter le sol avec une insistance extraordinaire ; aux efforts de l'homme pour forcer l'animal à rejoindre le troupeau, le mouton répondit par des bêlements surnaturels et recommença son travail. Le pâtre fouilla la terre de sa houlette et il découvrit une statue de la Vierge. Vers l'année 720, une chapelle s'éleva sur ce lieu, au milieu de la forêt. Le bruit du miracle attira un nombreux concours de fidèles; bientôt vinrent les colporteurs, les marchands ambulants et, par la suite, les auberges et les échoppes s'ouvrirent.

* *
*

Placé sur les bords de la route de Caen, se montre sur la droite le bel hôtel construit en 1786 par M. de Falandre et qui porte le nom de *Mesnil-Riant*. — C'est une construction de bon goût, de style italien, couverte en plate-forme et offrant une rotonde ornée de pilastres ioniques cannelés s'élevant jusqu'au-dessus du premier étage. — Une jolie balustrade règne sur le couronnement.

Puis, plus loin sur la gauche, à quatre kilomètres environ de la ville, le *château de la Tour* où, au siècle dernier, parmi les visiteurs qu'y reçut Mme de Séran, Marmontel traça quelques vers sur une pierre qu'on montre encore.

Voici, au milieu des champs, l'entrée des importantes carrières d'Aubigny et, non loin de là, le château du même nom, reconstruit au XVIIe siècle et qui autrefois possédait un colombier.

Les anciens seigneurs d'Aubigny ont été célèbres dans l'histoire de la Normandie.— Sous le Conquérant, l'un d'eux était *bouteillier* et accompagnait son maître en Angleterre où, à sa mort, son fils aîné, Guillaume, lui succéda dans cette charge qui se perpétua dans la famille.

L'église d'Aubigny renferme six statues tumulaires de grandeur naturelle, en pierre du pays, et représentant des seigneurs à genoux, posture adoptée au XVIe siècle pour la décoration des tombeaux.

Nous approchons du *mont Saint-Quentin* surnommé la *Brèche-au-Diable*, un des sites les plus remarquables de la Normandie.

Le petit sentier sous bois qui, des rives du cours d'eau, monte à l'église perchée sur le plateau, est pittoresquement tracé au milieu de cailloux et de blocs de granit. — Du haut de l'immense roche déchirée de façon si brutale qu'il semble que les deux murailles de la gorge, si rapprochées l'une de l'autre, soient prêtes à se rejoindre par un mouvement opposé à celui qui les sépara, le spectacle est grandiose. Impossible de visiter ce lieu singulier sans ressentir une impression profonde !

Sur le bord extrême du précipice, à l'endroit où les genêts et les romarins seuls osent à peine montrer leurs pâles fleurs, se dresse le tombeau de Marie Joly, dû au ciseau de Lesueur. Quelle incroyable fantaisie fut celle qu'eut cette sociétaire de la Comédie-Française, en désirant reposer dans ce lieu sauvage où la rudesse et l'âpreté du sol rappellent les plus sombres bouleversements de la nature.

Au fond du ravin, à travers les flancs déchirés du mont, coule le Liaison. Ses flots écumants baignent le pied du « *Moulin-Joli* », dont la toiture et la grande roue disparaissent en entier sous un impénétrable nid de feuillage.

IX

LE CHATEAU
D'HARCOURT-THURY.

25 septembre 1887.

On raconte que Rollon était si bien parvenu à faire régner l'ordre dans son pays, à policer ses sujets et à faire naître chez eux des sentiments de probité, qu'un bracelet d'or resta, pendant trois ans, suspendu aux rameaux d'un chêne, dans la forêt de Roumare, sans que qui que ce soit osât y porter la main.

Des premiers aux derniers, depuis les Tesson, descendants des anciens comtes d'Anjou, jusqu'aux d'Harcourt, les différents possesseurs de Thury semblent s'être transmis, de génération en génération, les principes de respect pour la foi jurée qui furent la base du caractère de Rollon.

Raoul Tesson, puissant seigneur ayant sous sa dépendance un grand nombre de chevaliers et d'hommes d'armes, ayant été séduit par les promesses des barons du Cotentin, se rangea sous la bannière des révoltés, bien décidé à frapper le premier le duc Guillaume ; mais, une fois en présence de son suzerain, Raoul se souvint qu'il avait promis foi et hommage à celui qui fut le Conquérant. Son cri de guerre « Thury » et la valeur personnelle qu'il déploya en combattant à ses côtés, contribuèrent au succès de la bataille de Val-ès-Dunes.

Chez les derniers, les d'Harcourt, les mêmes principes sont restés inébranlables ; chaque jour de leur règne est marqué de quelque trait de douceur ou de bonté de cœur; leurs pensées sans cesse sont tournées vers la prospérité du pays et le bien-être de ceux qui les environnent. L'honneur fut le mobile principal de tous leurs actes. Les d'Harcourt furent à Thury les *grands justiciers* du pays; la réprimande de toute faute leur était destinée. Celui d'entre eux qui, à l'Académie Française, occupa le fauteuil de Richelieu, le duc Henri, vit un jour arriver devant lui les enfants d'un meunier tenancier d'une des dépendances de la seigneurie, qui le prièrent de faire appeler leur père afin de l'engager à ne pas contracter de mariage avec une jeune fille à son service; le meunier, mis en présence du duc, écouta, avec autant d'attention que de respect, les remontrances que lui fit ce dernier, en même temps que l'exposé des conséquences que pourrait avoir pour lui l'union projetée; mais, lorsque le duc eut cessé de parler : « Monseigneur, dit l'homme avec assurance, si vous aviez donné votre parole, la reprendriez-vous ? » — Henri d'Harcourt, étonné de cette réponse, tourna le dos au meunier et ne poussa pas plus loin ses observations.

**
*

Il faut donc croire qu'à Thury la bonne entente ne cessa de régner pendant des siècles entre seigneurs et vassaux, car aucun fait saillant sur ce pays n'est enregistré dans l'histoire.

Peut-être est-ce aussi parce que le château qui le dominait était construit sur un lieu avantageux et que, de cette façon, les barons étaient à l'abri de toute attaque imprévue et se trouvaient en sûreté.

Car Thury était, à n'en pas douter, muni de toutes les fortifications en usage au moyen âge ; on peut encore aujourd'hui indiquer l'emplacement des fossés, et, vers le milieu du siècle dernier, quelques-unes des tourelles dont était flanqué le château, subsistaient encore.

Ce paragraphe de la charte d'érection de la baronnie de Thury en marquisat, où il est dit : *que cette baronnie est accompagnée d'un beau château et forte place qui démontre grand signe et marque d'antiquité, et auquel, nous* (Henri III), *les princes de notre sang et seigneurs de notre suite, pouvons loger quand notre chemin s'y adonne,* peut donner une idée de l'importance qu'avait encore Thury au xv⁰ siècle.

Protégé par l'Orne à l'ouest, le château était assis sur un rocher baigné au nord par un ruisseau ; des fossés l'entouraient à l'est et au midi et les eaux qui les remplissaient provenaient d'une source ne tarissant jamais et qui aujourd'hui encore alimente une fontaine. L'eau était amenée dans un bassin par un aqueduc dont les traces n'ont pas entièrement disparu.

Pour les besoins et le service du château

et précisément en face de sa partie occidentale, un pont de six ou sept arches avait été jeté sur l'Orne ; la largeur de ce pont n'était pas considérable, deux hommes à cheval pouvaient tout au plus y passer de front ; ce n'était là qu'un moyen de communication d'une rive à l'autre, ménagé uniquement dans l'intérêt du castel.

⁂

Tout porte à croire que le nom de Thury est d'origine normande. — *Thor* ou *Thur*, était une des principales divinités des hommes du Nord. Il est probable que Thury aura conservé le nom de cette divinité, en souvenir des lieux qui lui furent consacrés.

Le château existait déjà au xi⁰ siècle, avant la conquête de l'Angleterre.

L'étendue des domaines des Raoul d'Anjou, qui en furent les premiers possesseurs connus, fit donner à leurs descendants le surnom de *Tesson*, car on disait que cette famille possédait un pied de terre sur trois, en Normandie.

Après la bataille de Val-ès-Dunes, Raoul

Tesson assista au combat de Mortemer, où son courage fut remarqué; ce fut lui qui porta au duc Guillaume la nouvelle de la déroute des Français.

Trois générations de Tesson se succédèrent rapidement à Thury sous le règne de Guillaume le Conquérant. — Les enfants de Raoul et d'Ernest, son frère, accompagnèrent le fils d'Arlette en Angleterre; là, Robert meurt glorieusement à Hastings :

> Robert ki fut filz Erneis,
> La lance aluigne, l'escu pris,
> A l'estendart en vint puignant;
> De son glaive qui fut tranchant
> Fiert un Engleiz ki est devant,
> Mort l'abati de maintenant,
> Poiz trait l'espée demaneiz
> Maint colp feri sor les Engleiz,
> A l'estendard en alout dreit,
> Por ço Kabattre le voleit,
> Maiz li Engleiz l'avironnèrent
> Od lor Gisarmes le tuèrent :
> Là fu trové quand il fu quis
> Les estendart, mort et occis.

(Robert WACE.)

Un fils de Raoul Tesson, Raoul II, épousa Mathilde, fille de Gauthier, que quelques-uns disent frère d'Arlette.

La branche des Tesson s'éteignit au commencement du xiii° siècle. — Robert Tesson, sixième du nom, mourut sans enfants mâles et laissa pour héritière sa fille Jeanne, qualifiée Dame de Thury, dans une charte de l'année 1256. — Elle épousa Jean Crespin, Seigneur de Dangu. A cette époque déjà les Tesson possédaient à Cesny-en-Cinglais des haras très importants, dont ils avaient donné la dime à l'abbaye de Fontenay, fondée par un des leurs.

Aux Crespin succédèrent Gui, Seigneur de Tournebu, Louis, Seigneur de Ferrières Pierre de Préaux ; Jean, Seigneur de Larivière et enfin Jacques de Bourbon, comte de Lamarche, qui fut grand bouteillier de France, puis prêtre et trésorier de la Sainte-Chapelle. Jacques de Bourbon brisa, par deux fois, les liens qui l'attachaient au sacerdoce, pour se marier. Après son premier mariage et avant d'entrer, pour la seconde fois, dans les ordres, Charles II lui octroya la somme de quinze livres afin qu'il pût se procurer l'habit des Cordeliers.

Vinrent ensuite les Montmorency, dont le dernier, Pierre, mourut en 1615. Puis ce fut le tour des Harcourt, descendants de Robert Ledanois, l'un des capitaines de Rollon.

Six preux chevaliers portant le nom de Harcourt avaient déjà suivi le duc Robert en Palestine.

Odet d'Harcourt se trouve être le premier marquis de Thury; sa fille devint la femme d'un sien cousin Louis d'Harcourt. A cette époque les d'Harcourt s'enorgueillissaient de posséder l'oriflamme de France; un de leurs ancêtres avait, en effet, épousé Françoise de Gaillon, descendante de Pierre de Villiers, garde de l'étentard royal et grand-maître de France. Charles IX, allant en Basse-Normandie, s'arrêta en 1563 à l'abbaye de Troarn; Gui d'Harcourt, seigneur de Beuvron, présenta les couleurs au Roi et obtint le titre héréditaire de *garde de l'oriflamme* ainsi que la pension affectée à ce titre. Il fut démontré plus tard que la bannière possédée en 1677, par Louis d'Harcourt, n'était autre que celle des Villiers, seigneurs de l'Ile-Adam, ancêtres maternels de Gui d'Harcourt; quelques ornements brodés sur son tissu rappelaient que les Villiers avaient été jugés dignes de porter un étendard; celui-ci était de toile de coton, tandis que l'oriflamme royal était fait de taffetas rouge et sans figures :

De cendal roujoyant et simple.

Henri d'Harcourt, né en 1654 et neveu de Louis, fut le premier duc du nom.

François, deuxième duc d'Harcourt, se battit à Fontenoy :

Déjà de la tranchée Harcourt est accouru.
(Voltaire.)

Trois des Harcourt ont été maréchaux de France.

Une de leurs descendantes, devenue Mme de Mortemart, laissa le château à sa fille, la princesse de Beauvau, vers 1825.

A huit cents ans de distance, il est donc curieux de voir le château d'Harcourt revenir aux mains des Beauvau, branche cadette de la maison d'Anjou, et ayant de la sorte une origine commune avec celle des Tesson, premiers barons de Thury.

⁎⁎⁎

Ce fut au commencement du xvii⁰ siècle, lorsque Odet d'Harcourt devint marquis de Thury, que fut élevée la portion du château actuel, portant l'empreinte et le caractère de cette époque, c'est-à-dire les deux ailes et la partie sud.

Plus tard, dans les premières années du xviii⁰, le duc Henri fit construire la partie qui domine le Val-d'Orne, et les écuries, au-dessus desquelles se trouve cette vaste pièce appelée la *Galerie*.

Rien ne reste de la forteresse d'autrefois, mais les corps de logis de l'édifice actuel sont considérables et délicieusement situés. Anne d'Harcourt, le dernier maréchal du nom, ne fut arrêté ni par les travaux, ni par les dépenses. Une machine hydraulique, du genre de celle de Marly, s'élevait près du ruisseau des prés Charlot et amenait l'eau dans des réservoirs destinés à l'entretien des avenues, des bosquets et des bois.

Harcourt était le Versailles de la Normandie, que la Révolution devait anéantir. Le duc fut porté sur la liste des émigrés; ses biens furent confisqués; des commissaires envoyés par le Gouvernement procédèrent à la vente du riche mobilier du château, mais dédaignèrent les beaux portraits qu'on y voit encore aujourd'hui. Quelques fanatiques, pénétrant dans le caveau de l'église, y brisèrent le cercueil de Mme de la Feuillade, dont les restes étaient en si parfait état de conservation, qu'un des auteurs de cette profanation s'empara du son qui entourait le corps *pour le servir à son cheval*. Un autre emporta les planches du cercueil et en fit un meuble à son usage;

une légende du pays veut que ce farouche révolutionnaire soit mort de langueur, par suite de l'usage constant qu'il fit de ce meuble.

* *
*

Non loin d'une route allant de Thury-Harcourt à La Pommeraye, se trouve le château de Combray, construit vers la fin du xv⁰ siècle, sur l'emplacement de la forteresse du sire de Combray.

Les pans de murailles et les fossés, qui existent encore, ne sauraient toutefois apprendre quoi que ce soit sur la disparition du château primitif.

Celui d'aujourd'hui a dû être élevé dans la même enceinte que le premier et il faut croire qu'on se sera accommodé, pour cette construction, des dispositions déjà prises. La cour du donjon a dû se trouver près de l'enceinte la plus forte, autour de laquelle sont encore des fossés remplis d'eau.

X

CREULLY-LASSON.
FONTAINE-HENRY.

28 septembre 1887.

Entre Bayeux et Caen, à mi-route à peu près, sur la rive droite de la Seulles et non loin de ces carrières de pierre dure si renommées dans le pays, se trouve Creully, dont la petite église de style roman offre quelques particularités, soit par les modillons de sa corniche extérieure, ornés de figures grimaçantes, soit par les arcades de la nef, décorées de zigzags et reposant sur des piliers à chapite aux étranges. Mais, de même que dans tous les sites intéressants de la Normandie, c'est vers le château qu'ici encore se tourne le regard.

Son histoire est à chaque instant liée à celle du pays dont il fut une des plus redoutables forteresses.— Les salles voûtées à plein cintre et les cheminées qu'on voit encore à l'intérieur, du côté nord, peuvent laisser croire que le premier château de Creully a dû être élevé au xi® siècle.

Deux de ses seigneurs, Guillerin et Hamon-aux-Dents, révoltés avec les barons du Cotentin, périrent à la bataille de Val-ès Dunes. — Robert Hamon, fils de l'un d'eux, se réconcilia avec Guillaume et se signala par des prodiges de bravoure pendant la journée d'Hastings. Sa valeureuse conduite fut récompensée par le Conquérant. Plus tard, la blessure d'une flèche reçue devant les murs de Falaise le rendit fou.

Les constructions actuelles du château de Creully, quoique appartenant à différentes époques, ont encore bel aspect.

Le donjon en est sans doute la partie la plus ancienne. Les tours d'observation qui l'accompagnent paraissent dater du xv⁰ siècle. — Pour le rendre habitable par la suite, on fit subir au donjon quelques transformations; celles-ci dénotent le commencement du xvi⁰.

L'ancienne porte du château, qu'on retrouve encore en partie, était surmontée d'une haute tour carrée à créneaux, qui fut démolie après la Révolution.

Les écuries actuelles ont été construites par Antoine III de Sillans, mort en 1641.

Prise du pont de la Seulles, la vue de ce château de Creully est très pittoresque. Deux tours en dominent le massif; l'une d'elles, du haut de laquelle on aperçoit la cathédrale de Bayeux, devait être celle d'où l'on surveillait le pays où, aujourd'hui encore, la tradition rattache à l'histoire des barons qui le gouvernèrent, des légendes de crimes et d'exactions féodales.

En 1108, Robert de Kent, fils naturel de Henri I*er*, logeait au château de Creully.

Au xiv*e* siècle, les Anglais s'en emparèrent, bien que Richard de Creully l'eût fait en partie démanteler par précaution. — Quelques mois après, le château fut repris et les cent et quelques Anglais qui l'occupaient furent tués ou faits prisonniers.

Après l'invasion de 1417, le roi d'Angleterre donna un sauf-conduit au seigneur de Creully qui avait rendu son château, ainsi qu'aux habitants de toutes les communes dépendant de la forteresse.

Des premières années du xvi*e* siècle jusque vers 1678, la baronnie de Creully fut entre les mains des Sillans. — Vers cette époque, Colbert en fit l'acquisition. — En 1750, un de ses descendants y était encore.

Depuis lors, jusqu'à la Révolution, on y voit les Montmorency.

⁂

A deux kilomètres environ de Creully, en remontant le cours de la Seulles, on trouve les ruines du *prieuré de Saint-Gabriel*, fondé au xie siècle par un seigneur de Creully et qui compta le cardinal de Guise parmi ses commendataires.

Un chœur roman à voûtes à nervures, une grande porte du xiiie siècle à colonnettes et à arc surbaissé, un pavillon du xve, sont là les derniers vestiges de ce qui fut un des plus beaux monuments de la Normandie.

Vers l'extrémité du mur d'enceinte de l'ancien prieuré, s'élève encore une tour carrée à deux étages, qui servait autrefois de prison. La partie inférieure de cette tour, sorte d'oubliette, n'était accessible que par un trou rond pratiqué dans la voûte. — Bien des légendes courent sur cette prison. Tout près de là, un pré porte encore le nom de *champ du gibet*.

⁂

Non loin de Creully, sur la rive gauche de la Mue, se montre le *château de Lasson,* belle et imposante construction de la Renaissance, dont la façade est décorée de moulures élégantes. — Au-dessous du second ordre, un encorbellement très prononcé porte une frise ornée de cartouches et de médaillons, dans laquelle se trouve, en lettres de grandes dimensions, l'inscription suivante :

Spero Lacon by asses perlen.

Les moulures de la porte d'entrée, les lucarnes cintrées, les hautes cheminées dominant l'édifice, l'aiguille qui surmonte l'angle du corps de logis le plus saillant, la tourelle octogone de l'une des extrémités, rappellent en entier l'époque de François I*er*.

Une des salles du château porte un plafond à caissons décorés, d'un très bel effet.

Autrefois s'élevait là une chapelle dédiée à saint Antoine. — Le livre Pelut, écrit au xiv*e* siècle, en fait mention.

Guillaume de Corchon donna en 1312, à l'abbaye d'Ardennes, dix sous de rente à prendre sur son moulin de Lacon.

*
* *

Du même côté, toujours sur la rive de la Mue, voici un peu plus loin *Fontaine-Henri*.

Le surnom donné à cette paroisse, qui s'appelait autrefois Fontaine-sur-Thaon, lui vient de Henri de Tilly, un des bienfaiteurs de l'abbaye d'Ardennes, qui en était le seigneur.

Henri de Tilly mourut en 1205.— C'était le fils de Guillaume de Tilly, grand Sénéchal de Normandie au xii° siècle.

Au droit de sa mère, descendante des comtes d'Essex, Henri fut fait baron de Meerswood, jusqu'au jour où, quittant le parti de Jean sans Terre, il se déclara pour Philippe-Auguste.

Henri de Tilly fut inhumé à l'abbaye d'Ardennes, et ses descendants y eurent pendant longtemps leur sépulture.

Le testament de cet Henri de Tilly est une pièce bien curieuse : le seigneur de Fontaine-Henri, au xiii° siècle, commence par restituer des terres usurpées, *injuste occupatas;* l'énumération en est longue ; puis, viennent des legs et des donations ; parmi ces dernières se trouvent un haras et une quantité considérable de moutons et de chèvres de Séville. — Il faut donc en rabattre sur la prétention qu'eut Louis XVI, par son établissement de Rambouillet, d'avoir, le premier, importé ces animaux en France.

L'abbaye d'Ardennes possédait plusieurs rentes constituées à Fontaine-Henri, où se trouvait alors un moulin.

Les d'Harcourt furent également possesseurs de cette seigneurie aux xv° et xvi° siècles.

Le château de Fontaine-Henri est un des plus vastes et des plus élégants édifices qu'ait laissés en Normandie l'architecture de la Renaissance. — Son état de conservation est presque parfait, malgré les différentes époques auxquelles remonte l'ensemble de sa construction.

La partie de droite, qui est la plus ancienne, doit dater de la fin du xv⁰ ou des premières années du xvi⁰ siècle; les fenêtres en sont surmontées d'arcades en forme d'accolade et ornées de panaches et de feuillages frisés. — Deux tours carrées rompent la monotonie des lignes horizontales; l'une est surtout remarquable par ses moulures; l'autre est de la fin du xv⁰ siècle.

A partir de la première tour, le style change complètement. Des arabesques, des rinceaux de la plus grande finesse et semblables à ceux qui se voient sur les monuments les plus ornés du xvi⁰ siècle, couvrent les murs avec profusion ; l'entablement prend des proportions classiques. En un mot, tout annonce ici l'époque de la Renaissance, et cette partie du château doit être du temps de François Ier. — Le millésime 1537 s'aperçoit sur un arc des fenêtres de l'aile gauche.

Les combles extrêmement élevés de celle-ci, sa cheminée colossale, presque aussi considérable que celles de Chambord, accessoire indispensable des châteaux du XVIe siècle, dominent tout l'édifice. Une élégante tourelle à pans coupés, ornée de moulures et de médaillons, se trouve sur un des angles du pavillon ; une tour plus élevée et au long toit conique, garnit l'angle opposé. Des têtes, en bas-reliefs, décorent la partie supérieure des fenêtres.

La partie du château défendue par la pente rapide du vallon au fond duquel coule la Mue, a été restaurée.

Il en a été de même des appartements.

Au-dessus d'une porte, dans l'escalier

qui monte au pavillon de 1537, on voit Judith, en buste, tenant de la main gauche la tête d'Holopherne, et la main droite appuyée sur son épée dont elle presse la poignée sur sa poitrine; au-dessous, dans un cartouche, se trouve l'inscription suivante :

> On voit icy le portraict
> De Judith la vertueuse.
> Come par un hautain faict
> Couppa la teste fameuse
> D'Holophernes qui l'heureuse
> Jerusalem eut défaict.

Le parc du château de Fontaine-Henri est planté de beaux arbres et parsemé de rochers pittoresques. — Une chapelle dont les murs extérieurs offrent des croix gravées et paraissant dater du xiii° siècle, s'y dresse encore. — Les stalles creusées dans la pierre entre les colonnettes des arcatures ogivales de la nef, les élégantes lancettes du chevet et l'autel, sont curieux à voir.

XI

BAYEUX

Sur la route de Caen à Cherbourg, en quittant Condé-sur-Seulles, on entre dans le canton de Bayeux, par Nonant, dont l'église date en partie du xɪɪ° siècle et où, sous la chapelle du transept nord, se trouve encore le caveau sépulcral des Longaunay, qui, pendant longtemps, possédèrent près de là le château d'Amigny, aujourd'hui disparu, et desquels un des membres, Hervé de Longaunay, troisième du nom, capitaine de quatre-vingts ans, fut tué aux côtés de Henri IV, à la bataille d'Ivry, au plus fort de l'action, alors que le Béarnais, pour enflammer ses troupes, leur lançait ces mots : « Enfants, si les cornettes vous manquent, ralliez-vous à mon panache blanc ; vous le trouverez toujours au chemin de l'honneur et de la gloire ! » — Vers le milieu du xvii° siècle, un autre des Longaunay fut le premier doyen qui, à Bayeux, dans les fêtes religieuses, porta la robe rouge.

Un curé de Nonant, Jean Bazire, chanoine des églises de Rouen et de Lisieux, assista au concile de Bâle, au nom de Louis d'Harcourt, archevêque de Rouen.

De toutes les communes qui, à partir de Nonant, sont disséminées autour de Bayeux, Saint-Vigor est celle qui présente le plus d'intérêt, par la situation qu'elle occupe sur le mont « Phaunus », colline où autrefois s'étaient retirés les derniers représentants du culte druidique et d'où ils ne furent délogés qu'au commencement du vi° siècle, sous le règne de Childebert.

Dans la sacristie de l'église réédifiée de Saint-Vigor, se trouve un siège dans lequel les évêques de Bayeux devaient s'asseoir avant d'aller prendre possession de leur évêché. Cette curieuse stalle, faite de marbre, remonte, dit-on, au temps d'Odon, frère utérin de Guillaume. — Non loin de l'église, se voient encore les restes d'un ancien prieuré de bénédictins, fondé au xi° siècle par ce même Odon, qui fut, à quatorze ans, sacré évêque de Bayeux. Une semblable mesure dans l'investiture de fonctions épiscopales ne saurait étonner chez un membre de la famille du Conquérant, puisque lui-même, dans la carrière des armes, faisait, à l'âge de neuf ans, ses premiers pas sous les murs de Falaise.

Du reste, de tout temps, dans cette partie de la Normandie, les cas de précocité extraordinaire se présentèrent aussi souvent qu'il fut donné de voir des habitants ne s'éteindre qu'après plus de cent années de vie. —

Sigaud-de-la-Fond, dans son *Dictionnaire des Merveilles de la nature*, rapporte qu'en 1736 encore, il fut présenté à l'Académie des sciences un petit paysan de ce pays, nommé Fichet, qui était parvenu à la puberté dès l'âge de deux ans; à quatre ans, il était haut de trois pieds et demi et avait la force de lancer dans un râtelier, par-dessus sa tête, des bottes de foin de douze à quinze livres.

⁂

Voici Bayeux, l'ancienne *Augustodorus* des Romains, remontant au moins au IV⁰ siècle de notre ère, ainsi que l'indique la partie d'enceinte qui subsiste encore et auprès de laquelle se trouvait le château, disparu vers la fin du xviii⁰ siècle seulement.

A part la cathédrale, bâtie par Hugues et Odon sur l'emplacement d'une autre église, et dont la dédicace eut lieu le 14 juillet 1077 en présence de la reine Mathilde et de ses fils, peu de monuments intéressants sont debout aujourd'hui à Bayeux; mais il y aurait un volume à faire sur cette cathédrale, dont la richesse de sculpture des arcs cintrés du premier ordre, frappe le regard, sitôt qu'on est entré dans la nef. Grande est l'opposition que présentent ces arcs avec les longues fenêtres ogivales qui les surmontent. L'inégalité des arcades romanes de la nef rappelle celles du vieux Saint-Étienne de Caen. Le chœur de la cathédrale de Bayeux offre un des plus beaux types de l'architecture du XIII° siècle; l'ornementation en est hardie, gracieuse et d'un beau relief; les feuillages qui décorent la partie semi-circulaire du chœur ont été surmoulés par les soins de la Commission des monuments historiques et figurent au musée de sculpture comparée du Trocadéro. — Du XI° siècle, il ne reste que les arcades de la nef; toutes les autres parties de la cathédrale datent des XII°, XIII°, XIV° et XV° siècles. — La tour de l'horloge même, conception hardie d'un homme de génie, ne remonte pas au delà du XVIII°, car elle fut élevée en 1714, d'après les dessins de Jacques Moussard, architecte de la ville.

La crypte et ses colonnes massives à chapiteaux fort simples, doivent être antérieures aux constructions d'Odon et dater peut-être du ix® siècle. La salle capitulaire, au centre de laquelle se trouve encore ce curieux labyrinthe, ou chemin de Jérusalem, entouré d'un pavé émaillé, sorte de carrelage composé de huit bandes de largeur inégale, séparées par des bordures de quatre fleurs en feuilles de lys, est très intéressante à voir.

La grande armoire qui occupe tout un côté de la sacristie haute est une des rares curiosités du xiii® siècle, aussi bien par les peintures dont ses panneaux sont décorés, que par les ferrures qui la garnissent. — Quelques beaux objets sont en outre précieusement conservés dans cette sacristie ; il y a là un pliant de fer forgé datant du xiv® siècle et un coffret d'ivoire à ornements d'argent, merveille artistique de l'époque des Sarrasins, portant une inscription coufique qui en fait remonter l'origine au delà du IV° siècle de l'hégire. Dans ce coffret se trouve enfermée la chasuble de saint Regnobert, et un très beau calice, spécimen de la riche orfèvrerie de l'époque de Louis XIV.

Jusqu'en 1562, une couronne de lumières portant quatre-vingt-seize cierges et les statuettes des apôtres, des prophètes, des vertus et des vieillards de l'Apocalypse, cadeau de l'évêque Odon, était suspendue à l'entrée du chœur, dont les stalles, œuvre de Jaques Lefebvre, menuisier de Caen, ont été faites en 1588-89.

* *
*

Quelques-unes des maisons de bois de Bayeux, maisons au chaperon de pierre, terminé par des animaux fanstastiques, rappellent l'époque des xv° et xvi° siècles. Les rues Saint-Malo, Bienvenu, Saint-Martin, des Cuisiniers, rue Franche et rue Laitière, possèdent encore quelques-unes de ces constructions pittoresques. — Bien des édifices de pierre sont également intéressants aux yeux du chercheur. La rue Saint-Nicolas est peut-être celle des rues de Bayeux qui a conservé le plus de caractère; elle garde encore toute la solennité du xvii° siècle. Dans les rues Bourbeneur et de la Juridiction, se trouvent quelques beaux hôtels du xv⁰ siècle, avec fenêtres à chambranles prismatiques, dans le goût du temps.

C'est dans une maison située à l'angle des rues du Goulet et de Saint-André, que naquirent à Bayeux, au xiv⁰ siècle, trois hommes qui jetèrent un vif éclat dans la république des lettres : Alain, Jean et Guillaume Chartier, fils de Jehan Chartier, dont le manoir était « assis en la paroisse Sainct-Patrice de Baïeulz, devant les halles, par devers la ville ». — Par sa forme et sa construction, cette maison est évidemment l'une des demeures de Bayeux contemporaines de l'époque où vécurent les frères Chartier ; le pignon étroit et abaissé, la saillie du premier étage, son isolement de la maison voisine, l'emploi du bois et du plâtre, tout cela rajeuni, porte un cachet qui justifie la tradition.

On sait que des trois Chartier, Alain fut le plus célèbre ; poète, orateur, bel esprit,

Alain Chartier fit les délices de son siècle et fut employé dans plusieurs négociations importantes sous Charles VI et Charles VII, desquels il avait été le secrétaire. — Marguerite d'Écosse, première femme du Dauphin de France, l'ayant vu, un jour, assis sur une chaise, s'approcha de lui pour le caresser ; les seigneurs de la suite, s'étant étonnés d'une pareille marque de familiarité vis-à-vis d'un homme aussi laid, reçurent pour réponse de la princesse *qu'elle n'avait pas baisé l'homme, mais la bouche qui avait prononcé tant de belles choses.* — Pendant longtemps, on ne sut ce qu'était devenu Alain Chartier, et l'époque de sa mort resta ignorée jusque vers le milieu du xv° siècle, alors qu'une épitaphe, dédiée à sa mémoire, fut découverte dans l'église Saint-Antoine d'Avignon.

Guillaume, son frère, dont le décès eut lieu en 1472, fut un des commissaires nommés pour la revision du procès de la « Pucelle » et pour la réhabilitation de sa mémoire. — Jean, le troisième des Chartier, bénédictin, chantre de Saint-Denis, a laissé un ouvrage bien connu: *Les Chroniques de Saint-Denys*, depuis Pharamond jusqu'au décès de Charles VII.

⁎

Au musée de Bayeux se trouve un monument unique et dont la célébrité est européenne, la tapisserie de la reine Mathilde, miraculeusement sauvée lors de l'incendie de la cathédrale en 1106, et représentant la conquête de l'Angleterre. Des inscriptions latines accompagnent les figures et pourraient au besoin fixer quelques points incertains de l'histoire. C'est là le travail commencé par la Reine Régente auprès de cette fenêtre du château de Bonneville, dont nous avons parlé, alors que son époux, absent, enflammait à Hastings l'ardeur de ses soldats, par ces paroles :

« Compagnons d'armes, si la valeur n'était

« pas votre partage, je serais forcé de réchauf-
« fer vos âmes et ranimer votre ardeur par
« de beaux discours. Je vous rappellerais
« les exploits mémorables de vos ancêtres ;
« je vous citerais vos propres victoires,
« l'admiration que vous avez inspirée dans
« tout l'univers, la terreur que votre nom
« seul communique à nos ennemis. Mais de
« quelque côté que je tourne les yeux, je vois
« qu'aucun de vous n'a besoin d'être encou-
« ragé ; tous vous demandez les périls et la
« gloire ; la victoire va vous couronner ;
« marchons à l'ennemi ! Combattons, mes
« amis, pour une digne récompense, pour
« une juste cause, pour l'honneur, la gloire
« et l'immortalité ! »

Mots magiques, dont Taillefer se fit l'écho, en entonnant lui-même la chanson de Roland, et procurant de la sorte aux Léopards normands, le moyen de rappeler une fois encore cette longue suite de triomphes, cette durable période de gloire qui éleva si haut l'honneur des enfants de Rollon, mais qui devait s'arrêter de façon si brutale, alors que, Philippe Ier s'égayant aux dépens de Guillaume, dont l'embonpoint était devenu excessif et demandant à quelle époque le monarque anglais se proposait de relever de ses couches, se vit apporter cette réponse faite par le Conquérant, aux oreilles duquel était parvenue la plaisanterie :

« Dites au roi qu'au jour de mes rele-
« vailles, je me rendrai à Paris pour pré-
« senter à Notre-Dame dix mille lances au
« lieu de cierges. »

***

Les évêques de Bayeux possédèrent pendant longtemps un palais dans la ville de Caen. — Dans le cartulaire de l'abbaye de Troarn, un document constate qu'une transaction fut faite à Caen au xie siècle, dans l'hôtel de l'évêque Odon.

Les noms les plus connus se retrouvent dans la longue liste de ces évêques de Bayeux. Vers la fin du xve siècle, on y voit Charles de Neufchastel, des seigneurs de Neufchastel en Suisse, famille illustre dans les annales de l'Église et dont plusieurs des membres portèrent le collier de la Toison d'Or.

* *
*

En sortant de Bayeux, du côté de l'est, se trouve l'église de Saint-Exupère, qui passe pour la plus ancienne du diocèse, et des caveaux de laquelle, nous l'avons raconté déjà, Hervé du Lieuvain, dans les derniers jours de 846, retira si adroitement les corps de saint Regnobert et saint Zénon; puis, c'est le manoir de Bellefontaine, habitation modernisée dont la pièce principale, au rez-de-chaussée, possède encore une très belle cheminée de la seconde moitié du xvie siècle. — Non loin de Saint-Germain-de-la-Lieue, se trouve le Recouvry, où le château, construit au xviiie siècle, renferme une chapelle; un des corps de logis du château pourrait toutefois, d'après les contreforts qui le garnissent, remonter au xvi° siècle.

La paroisse d'Arromanches est située dans un petit vallon sur le bord de la mer. La nef et le chœur de l'église d'Arromanches appartiennent à l'époque romane de transition, xii° siècle. — Au xvii°, l'église fut transformée. Elle porte la date de 1620, la queue du 6, dans le millésime gravé sur la pierre, est assez courte; les habitants d'Arromanches ignorant sans doute que les chiffres arabes n'étaient pas en usage au xi° siècle, prirent pendant longtemps ce 6 pour un o, et crurent que leur église datait du commencement du xi°.

L'église du Tracy est en partie du xiii°. La paroisse de Manvieux est réunie à Tracy. — Non loin de là, à Fontenailles, la tour de l'église renferme une cloche du xiii° siècle, qui doit être la plus ancienne du pays. Cette cloche, de forme allongée, fut trouvée après la Révolution chez un fondeur de Bayeux et remplaça celle qui avait été brisée lors de la suppression du culte.

Puis vient Ryes où, dans le château d'Hubert, Guillaume, poursuivi par les barons qui avaient juré de l'assassiner à Valognes, s'arrêta et changea de cheval. — Quelques strophes de Robert Wace racontent comment Hubert de Ryes donna ses fils au duc pour le conduire à Falaise, évitant de traverser les villages et comment celui-ci dépista les conjurés qui n'arrivèrent à Ryes qu'après son passage. — On montrait il y a cinquante ans encore, entre Ryes et Vienne, un chemin que l'on disait être celui parcouru par Guillaume. Ce chemin, aujourd'hui transformé, est celui qui rejoint la route de Bayeux à Villers, en face du château de Vienne. Le manoir du Pavillon à Ryes est une des curiosités de l'endroit.

Après Sommervieu, c'est Magny, dont l'église renferme la tombe de messire Nicolas-Joseph Foucault, intendant de la Généralité de Caen, Seigneur de Bazenville, Ryes, Arromanches, Tracy, Manvieux, Saint-Sulpice, etc., qui fit construire, au commencement du xviii° siècle, le beau château de ce nom.

Vaux-sur-Aure, Argouges, ont aussi leur histoire. Les d'Argouges portaient : *écartelé d'or et d'azur à trois quintefeuilles de gueules, deux en chef et une en pointe*.

Sur la limite d'une route allant de Bayeux à la mer, se trouvent les ruines de l'abbaye de Longues, fondée en 1168 par Hugues Wac, de l'ordre de Saint-Benoit.

Un grand nombre de seigneurs enrichirent l'abbaye de Longues ; cela n'a point empêché qu'une ferme y soit actuellement installée.

L'église de Marigny est une des églises romanes les plus curieuses de l'arrondissement de Bayeux ; elle a été classée au nombre des monuments historiques.

A côté de Marigny, dans l'église de Port-en-Bessin, l'arcade qui sépare la nef du chœur est ornée d'une moulure excessivement originale, figurant les anneaux d'une chaîne.

. *.
* *

Mais l'histoire de Bayeux ne présente malheureusement qu'une longue suite de calamités.

Brûlée à différentes reprises, la ville sans cesse renaquit de ses ruines.

Après les batailles décisives contre le duc de France, livrées par Rollon à l'embouchure de l'Eure et à la suite desquelles tout ploya devant lui, le héros scandinave traversa la Neustrie pour aller assiéger Bayeux, alors puissante et riche, et dont Bérenger était le seigneur. La ville fut prise d'assaut, et, au milieu du plus horrible carnage, les vainqueurs se partagèrent le butin de la journée. — Une jeune et belle enfant,

Pope, fille de Bérenger, fut le lot choisi par Rollon et subit, avec la servitude, le lit de son maître. — Guillaume Longue-Épée dut le jour à cette circonstance.

Mais, vingt ans plus tard, devenu duc de Normandie, Rollon épousait Gisèle et recevait le baptême. Une insolence qu'il lui prit fantaisie de commettre vis-à-vis de la personne de Charles le Simple faillit, ce jour-là, tout compromettre. — L'usage voulait que la cérémonie du baptême fût précédée de l'*hommage,* dont une des formalités était de baiser le pied du roi. Rollon ne voulut point se soumettre à cet acte humiliant et chargea un de ses officiers de le remplacer; celui-ci leva si haut le pied du monarque, qu'il le fit tomber en arrière; mais la toute-puissance du nouveau duc était alors telle, que Charles fut obligé de rire d'un pareil outrage fait à la dignité de sa personne.

Le moment arriva où Rollon, devenu vieux, voulut cesser de guerroyer; il fit alors d'opulentes largesses aux cathédrales qui avaient eu à souffrir de ses déprédations. — Bayeux ne fut pas oubliée dans ce partage. Si le duc mit huit jours à distribuer entre ses guerriers de tous grades les terres dont il disposait, il n'en employa, d'après la légende, pas moins de sept à doter les églises et les couvents.

※

Quel changement immédiat s'opère dans ce duché de Normandie, dès que Rollon descend dans la tombe et que son œil ne veille plus sur ses sujets! — Que de calamités successives naissent par l'ignorance du xe siècle! Le clergé seul a quelque teinte des lettres et, par ce moyen, s'empare des affaires et se rend l'arbitre des causes les plus importantes, sous prétexte que la conscience y est intéressée. Jusqu'au règne de Guillaume, le plus grand désordre se manifeste dans l'État et dans l'Église. Les choses sont poussées à tel point que, dans les conciles, on arrive à décréter que, sur sept jours de la semaine, six pourront être consacrés aux forfaits. — *Depuis l'heure de none du samedi jusqu'à celle de prime du lundi, personne ne pourra attaquer son ennemi, ni blesser, ni tuer, ni voler qui que ce soit.*

L'acte de fondation de Cluny est un monument digne de cette époque : *Les moines auront le pontife romain pour défenseur et ne seront soumis ni au roi, ni à aucune puissance de la terre.*

Plus tard, au commencement du xi° siècle, Bayeux, comme toutes les villes de la Normandie, souffrit cruellement de la famine. La terre mal cultivée et glacée par des pluies torrentielles, ne fournit pendant plusieurs années que d'insuffisantes récoltes et des grains pourris avant leur maturité. Le mal fut porté si loin qu'on fut obligé de se repaître de la chair des morts dérobés aux tombeaux! On allait à la chasse des petits enfants; on se tenait en embuscade au coin des bois pour se jeter sur les passants!

Le fléau se présenta de nouveau en l'an 1146; partout le pays fut livré au pillage; une infinité de malheureux moururent dans les horreurs de la faim, et à Rouen un homme fut pendu pour avoir vendu de la chair humaine!

Cet état de choses fut la conséquence des guerres qui prirent naissance à la mort du Conquérant, guerres de longue haleine, motivées d'abord par le partage de sa succession. Un des fils de Guillaume, Henri Ier, roi d'Angleterre, avait incendié Bayeux au commencement du xiie siècle. Treize ans après, à la bataille de Brenneville, ce même Henri Ier se trouvait en présence du roi de France, lorsque celui-ci, capturé par un soldat anglais qui s'écriait : *le roi est pris!* lui fendait la tête d'un coup de sa hache d'armes en disant : « *Va, coquin, t'en vanter dans l'autre monde, mais sache qu'aux échecs le roi n'est jamais pris!* — Ce mot fut payé par Henri d'une marque de courtoisie. Le lendemain, Louis le Gros voyait lui revenir son cheval tout harnaché.

Au commencement du xiii⁰ siècle, séparée de l'Angleterre qu'elle avait soumise à ses armes, à ses lois et à son idiome, la Normandie devint simple province de cette France pour laquelle elle avait été, durant trois siècles, un sujet de terreur et d'admiration. Elle joua sans doute un rôle moins brillant dans l'histoire, mais, jusqu'au jour où, en 1596, Henri IV convoqua à Rouen l'Assemblée des notables, elle ne fut pas moins encore continuellement exposée aux désastres et aux iniquités de toute sorte.

Quelle chose fut plus horrible que le supplice de ces frères d'Aunay, gentilshommes des environs de Bayeux, qui furent, au commencement du xiv⁰ siècle, mutilés et écorchés vifs par les ordres de Philippe le Bel, pour avoir répondu aux avances de trois jeunes princesses de la Cour, ses brus!

Existe-t-il un trait de jurisprudence criminelle plus barbare que ce duel juridique, ordonné en 1387, d'après une accusation mensongère, entre Carrouges et Jacques Le Gris, officiers de la cour du duc d'Alençon, et pendant lequel, en présence de Charles VI et de tous ses gentilshommes, Le Gris, innocent, succomba. Son corps est livré au bourreau qui le pend, puis l'abandonne à la voirie; et à son adversaire, comblé de faveurs, échoient tous ses biens.

Au XVIe siècle, les querelles religieuses, fréquentes à Bayeux, fomentent des troubles et poussent le clergé aux plus grandes iniquités.

La cathédrale va être abattue par les protestants, lorsqu'un cordelier, François Feuardent, ligueur exalté, conseille aux Huguenots de s'en servir pour les offices de leur culte et, par ce moyen, sauve le monument.

En 1636, les bouchers de Bayeux sont

condamnés à une amende de quarante huit livres pour avoir manqué *de faire flamber et arder* une lampe placée sous le portail de l'église Saint-Martin. C'était le seul éclairage de la ville à cette époque. Cette condition imposée à l'exercice de la profession de boucher, était en usage à Bayeux depuis le règne de saint Louis.

Il faut croire aussi que l'application des impôts ne se faisait pas non plus sans difficultés alors, car, en 1640, le chancelier Séguier dut se rendre à Bayeux pour faire cesser les troubles occasionnés par une taxe mise sur les cuirs. Les murmures commencèrent naturellement chez les cordonniers et les savetiers, pour lesquels le peuple prit parti. La première émeute eut lieu à Avranches, où un cordonnier de la ville est nommé *colonel de l'armée souffrante*. Il en fut de même à Coutances, Valognes, Saint-Lô et Caen. Ici, la révolte commence par le pillage de la maison de Marin Paris, principal commis de la taxe. Les habitants de Bayeux furent condamnés de ce fait à payer vingt-deux mille livres d'intérêts aux fermiers de la régie des cuirs et les principaux auteurs des troubles périrent sur la roue; leurs maisons furent détruites et des croix s'élevèrent sur les emplacements qu'elles occupaient afin qu'on ne pût rebâtir.

Au commencement du xviii° siècle, les querelles entre jansénistes et jésuites prennent, à Bayeux, des proportions de folie et arrivent au point qu'un huissier dut un jour assigner un prêtre *aux fins d'administrer* un janséniste mourant, tandis qu'un sergent et ses deux recors introduisent de force un père cordelier dans le couvent des Bénédictines pour y célébrer l'office.

Toutefois, lors des expéditions plus ou moins brillantes que l'orgueil et l'ambition de Louis XIV firent entreprendre, la Normandie se trouva à l'abri de nouveaux désastres. Aussi fut-elle prête, lorsqu'au siècle suivant sonna l'heure des revendications ; une des premières parmi les provinces de France, elle réclama la nécessité des réformes. Le pays ne fut pas troublé par les désordres qui accompagnent ordinairement les révolutions et, lorsqu'il fallut défendre le territoire contre les attaques des rois coalisés, plusieurs bataillons de volontaires se recrutèrent dans la plus noble élite de sa belle et vaillante population.

Parmi ceux de ses enfants dont le souvenir eût dû rester plus vivace dans la contrée, il en est un que nous ne pouvons nous empêcher de citer ici comme un modèle de courage et d'honneur.

Georges-René Pléville-le-Pelley était né à Granville en 1726. — Entraîné par un irrésistible penchant vers la carrière de la marine, il quitta la maison paternelle à l'âge de douze ans pour aller au Havre s'embarquer comme mousse, sous un nom supposé, afin d'échapper aux recherches de sa famille.

Après avoir fait plusieurs campagnes à la pêche de la morue, il fut reçu lieutenant à bord d'un corsaire. Quelques mois après, il se rendit à Granville et s'embarqua sur un autre corsaire qui, à sa sortie du port, fut rencontré par deux bâtiments anglais auxquels il livra combat. — Dans cet engagement, Pléville eut la jambe droite emportée par un boulet et fut fait prisonnier. De retour en France, et à peine guéri de sa blessure, il passa comme lieutenant de frégate sur l'*Argonaute*, que commandait de Tilly-le-Pelley, son oncle. En 1746, étant sur le vaisseau le *Mercure*, qui faisait partie de l'escadre du duc d'Auville, il fut pris par l'amiral Anson. Dans le combat que soutint le bâtiment, Pléville perdit sa jambe de bois ; son capitaine l'ayant vu tomber sur le pont, lui demanda s'il était blessé. — « Non, répond-il, le boulet n'a donné d'ouvrage qu'au charpentier. »

En 1749, commandant l'*Hirondelle*, Pléville attaque et prend trois bâtiments anglais armés en guerre. — Sa jambe de bois est une seconde fois enlevée dans cette affaire.

Forcé, par le délabrement de sa santé, de quitter momentanément le service de mer, il servait en qualité de lieutenant de port, à Marseille, vers la fin de 1773, lorsque la frégate anglaise l'*Alarme*, commandée par le capitaine Jervis, fut jetée sur la côte par la tempête. — Pléville se rend au fort Saint-Jean; chemin faisant, il rassemble tous les marins qu'il rencontre et les engage à porter secours au vaisseau naufragé. La nuit était noire et le temps affreux; les hommes montraient quelque hésitation. Piéville prend une résolution soudaine; il se passe autour du corps un cordage assez fort pour le tenir suspendu et se laisse descendre du haut des rochers jusqu'à la mer, arrive après les plus grands efforts sur le pont de la frégate et au moyen de la manœuvre qu'il ordonne, parvient à la faire entrer dans le port. Pléville, non content d'avoir sauvé l'*Alarme* et son équipage d'une perte certaine, met tous ses soins à faire réparer les avaries, et, vingt jours après, le bâtiment faisait route pour l'Angleterre. — L'amirauté de Londres voulant donner à l'intrépide marin un témoignage de sa reconnaissance, chargea le capitaine Jervis de retourner à Marseille avec sa frégate, pour remettre à Pléville un service d'argenterie de cinquante couverts, accompagné d'une lettre d'*éternelle reconnaissance!* — La conduite de Pléville trouva plus tard une autre récompense. Pendant la guerre de 1778, son fils étant à bord d'un vaisseau, fut pris à la suite d'un combat. Dès que l'amirauté anglaise en fut instruite, des ordres furent donnés pour le renvoi, sans échange, du jeune soldat en France, et il eut la faculté d'emmener avec lui, à son choix, un certain nombre de ses camarades.

En cette même année, Pléville est embarqué comme lieutenant sur le *Languedoc*, que montait le comte d'Estaing et fait sur ce vaisseau toute la guerre d'Amérique. L'amiral ne tarde pas à lui accorder sa confiance entière. Choisi pour conduire dans les ports d'Amérique les prises nombreuses faites par l'escadre sur les Anglais, il fut chargé d'en opérer la vente. Un mois lui suffit pour terminer cette opération. A son retour à bord, il rendit les comptes de sa gestion : l'amiral, pour reconnaître son zèle et son activité, décida qu'il lui serait alloué une commission de deux pour cent sur le produit de la vente, qui s'élevait à *quinze millions ;* mais Pléville refusa cette récompense, disant *qu'il était satisfait du salaire que le roi lui donnait.*

A quelque temps de là, le comte d'Estaing ayant eu besoin de trois cent mille francs pour le service de son escadre, avait fait d'inutiles démarches pour se les procurer ; un négociant américain, qui connaissait Pléville, offrit de les prêter. — Les États-Unis reconnurent les services et le courage de Pléville par le ruban de Cincinnatus.

A son retour, il fut nommé capitaine de vaisseau, et la Révolution survenue il en adopta les principes comme la plupart des officiers qui avaient servi en Amérique. En 1794, après avoir été membre des comités de marine et de commerce, il fut fait chef de division au ministère de la marine.

En 1797, Pléville est nommé ministre de la marine. Chargé de faire une tournée sur les côtes de l'Ouest, on lui alloua *quarante mille francs* pour mener à bien cette mission. A son retour, il produit le mémoire de ses frais, montant à *huit mille francs* et renvoie au Trésor les trente-deux mille francs restants. On refuse de les prendre, la somme entière ayant été portée en dépense : Pléville insiste ; mais, pressé de nouveau, il témoigne alors le désir que cette somme soit consacrée à l'érection d'un monument utile ; son vœu fut rempli et le reliquat servit à élever le télégraphe sur l'hôtel de son ministère. Le désintéressement de Pléville était d'autant plus noble, qu'il était loin d'être riche, et qu'il avait une famille nombreuse.

Nommé contre-amiral en 1797, il fut fait vice-amiral l'année suivante.

Pléville, sénateur et grand-officier de la Légion d'honneur, mourut à Granville en 1805. — Il eut certes mérité de son pays natal une autre marque de reconnaissance, qu'un médiocre portrait placé dans une salle d'Hôtel de Ville. — Mais l'oubli paraît depuis longtemps, s'être fait en Normandie autour de ce nom, synonyme de *Justice* et de *Désintéressement*.

XII

LE CHATEAU DE CAEN. — DIVES.

30 septembre 1887.

Notre promenade touche à sa fin. Nous voici de retour à Caen et en face du vieux Saint-Étienne, que nous avons essayé de décrire déjà et au-dessus duquel, au sommet du galbe qui clôt un des croisillons du transept, se dresse encore la statue de saint Denis, portant, selon l'usage, sa tête dans ses mains. — « Il n'y a que le premier pas qui coûte, » — disait plaisamment Henri Heine, en parlant de ce phénomène.

Depuis notre visite à la vieille basilique, nous constatons avec plaisir, dans une des dépendances de ce beau monument dont il ne restera bientôt plus pierre sur pierre, la naissance d'un « musée artistique des Lapidaires », dû à l'intelligente initiative d'un sculpteur du pays, M. Douin.

La collection d'ornements et de bas-reliefs, réunie là par les soins de M. Douin, est digne déjà du plus haut intérêt.

Passer en revue les onze ou douze autres églises de Caen, toutes aussi remarquables de la première à la dernière, serait un travail long et pénible; de savantes études ont déjà été faites et publiées sur ce sujet par les archéologues normands.

Les unes, comme Saint-Pierre, appartiennent au plus beau style gothique; d'autres, Saint-Étienne par exemple, sont les types les plus complets de l'art roman en Normandie.

La tour très élevée de l'église Saint-Pierre est garnie de clochetons délicatement travaillés à jour. La pyramide qui la termine est faite de pierres liées les unes aux autres au moyen de crampons de fer et percée d'ouvertures en forme de rosaces, qui n'ont pas peu contribué à maintenir sa solidité et à lui faire traverser près de six siècles, sans qu'elle ait subi la moindre altération.

On raconte qu'en 1549, le 12 juin, un jeune Breton du nom de Jean Gladran, monta nu pieds sans aucune aide, au sommet de cette tour, pour en descendre le coq qui ne tournait plus. L'intrépide ouvrier renouvela son expérience le jour où il fallut remettre en place la girouette restaurée et, son travail fini, chanta là-haut plusieurs chansons, au grand ébahissement de tout le peuple de la ville et des campagnes environnantes, venu pour l'applaudir.

* *

Saint-Étienne renferme, enseveli au milieu du sanctuaire sous une dalle de marbre blanc, le seul os qui restât du Conquérant après la dispersion de ses cendres et qu'un gentilhomme, en 1562, avait, non sans peine, arraché à la fureur des Calvinistes. — Ce modeste emplacement n'équivaut-il pas à la misérable somme de soixante sous, payée à Asselin le jour des funérailles de Guillaume, si les moines n'ont pas, ainsi qu'ils s'y engagèrent, remboursé le prix de sa terre au bourgeois récalcitrant?

On sait que l'église de Saint-Étienne fut fondée par le Conquérant vers l'an 1064, sous le nom d'Abbaye-aux-Hommes, en expiation du mariage qu'il avait contracté malgré les foudres pontificales, avec Mathilde, fille du comte de Flandre, dont le divorce n'avait pas été autorisé par le pape. — L'église fut placée sous l'invocation de saint Étienne, à la suite d'une vision qu'eut le fils d'Arlette et dans laquelle on lui intimait l'ordre de rechercher les ossements du martyr.

Le lycée de la ville occupe aujourd'hui les bâtiments de cette abbaye. La hardiesse de structure du grand escalier et la belle rampe de fer forgé qui l'accompagne jusqu'aux étages supérieurs, sont une des curiosités de Caen.

* *

En 1346, Caen fut assiégée et prise par Édouard III d'Angleterre, qui se contenta de piller la ville pour l'abandonner ensuite au bout de quelques jours.

En 1417, les Anglais s'en emparèrent de nouveau et s'y maintinrent jusqu'en 1450, époque où Dunois reprit la ville d'assaut. Charles VII y entra au milieu des fêtes et demeura là huit jours avant d'aller mettre le siège devant Falaise.

Le 13 janvier 1535, François I**er**, dit le « Père des Lettres », rendit cette fameuse ordonnance qui affligea la ville, en supprimant les imprimeries dans toute la France et en interdisant, sous peine de mort, de publier aucun ouvrage nouveau.

.*.

Le château de Caen est situé au nord de la ville, sur une hauteur dominant le quartier Saint-Julien. Sa porte fortifiée communique encore avec la ville au moyen d'un pont-levis. — L'enceinte du château consiste en une forte muraille crénelée et flanquée de tours. — L'intérieur en est assez spacieux pour que, malgré les nombreuses constructions qui s'y trouvent, on puisse y faire manœuvrer cinq à six mille hommes d'infanterie.

Un fossé large et profond, creusé dans le roc, protège la place du côté de la campagne et du faubourg de Vaugueux. — La porte de secours, qui s'ouvre au nord-est, vers le faubourg Saint-Gilles, est certainement la partie la plus curieuse des anciennes fortifications du château ; elle est précédée de son pont-levis, que défendaient quatre tours, aujourd'hui abaissées.

La construction de ce château fut commencée au xie siècle par le Conquérant et continuée par son fils, Henri Ier, qui exhaussa les murs d'enceinte et éleva le donjon. — C'était là une petite citadelle dans la grande ; au centre se dressait une énorme tour carrée. — Le donjon renfermait trois salles d'armes et trois magasins pouvant contenir trois cent mille livres de poudre.

En 1269, saint Louis habita le château de Caen pendant trois jours. Il était accompagné de ses trois fils, Philippe le Hardi, Jean Comte de Nevers, et Pierre Comte d'Alençon.

C'est à la suite d'un décret de la Convention que le donjon fut détruit pendant la Révolution.

Romme, un des commissaires de la Convention, y fut enfermé pendant quelques jours, et composa là, dit-on, son calendrier républicain.

Quelques années auparavant, Dumouriez y avait été emprisonné à sa sortie de la Bastille.

Sur l'emplacement du donjon, s'élève aujourd'hui une caserne, et les geôliers de Dumouriez et de Romme ont été remplacés par les guichetiers du Conseil de guerre.

Dans l'intérieur du château se trouve la chapelle Saint-Georges, où une charpente admirablement travaillée attire l'attention; cette charpente, unique de son genre en Normandie, est attribuée à des ouvriers anglais.

*
* *

Parmi les maisons historiques de la ville de Caen, au n° 148 de la rue Saint-Jean, se trouvait autrefois le grand manoir où Charlotte Corday, après la suppression de l'Abbaye-aux-Dames, alla, en juin 1791, chercher un asile chez sa vieille parente, Mme de Bretteville. — Dans la maison qui, en 1850, prit l'emplacement de ce manoir, la chambre qu'habita Charlotte Corday fut, pour ainsi dire, conservée. Seule, la fenêtre en croisillon, qui s'ouvrait sur la cour, a changé de style. Cette fenêtre était faite de vitraux enchâssés sur lesquels, malgré leurs petites dimensions, Charlotte s'amusait à calquer des dessins. Au moment de se rendre à Paris, elle donna son carton à dessins à un jeune garçon de quinze ans, Louis Lunel, fils d'un menuisier de la ville.

Dans les papiers qu'a laissés M. Georges Mancel, il s'est trouvé une note écrite en 1852 par l'ancien bibliothécaire, sous la dictée d'une femme Bertauld, alors âgée de soixante-seize ans. — Cette curieuse note, conservée parmi les documents de la Bibliothèque de Caen, est ainsi conçue :

« Charlotte Corday, novice (*sic*) a l'Ab-
« baye-aux-Dames, m'a appris à manier
« pour la première fois le bloquet à den-
« telles. J'avais six ans; elle était gravée,
« plutôt grande que petite, et pas belle ;
« mais elle avait un air si doux, si doux
« qu'avant qu'elle eût parlé on l'aimait
« déjà. C'était un ange du bon Dieu. »

Toutefois peu après son poignard devait faire tomber Marat.

Napoléon I", lors de son passage à Caen,

en 1811, habita le n° 15 de la rue Guilbert ; l'impératrice Marie-Louise logea au n° 17.

Louis XVI, en 1786, descendit à l'hôtel du duc d'Harcourt, 5, rue du Havre. — L'hôtel a été en grande partie démoli, mais la chambre qu'y occupa le roi subsiste encore.

La maison qui se trouve à l'angle de la rue de Bayeux et de la rue Bicoquet aurait, d'après la tradition, été élevée sur l'emplacement de celle qu'habitait Arthur Asselin, lorsqu'il cria *haro!* aux funérailles du Conquérant.

Tournières, le portraitiste fameux auquel le duc d'Orléans, régent, disait : « Je m'amuse aussi à peindre, mais je ne suis pas si habile que vous, » était né à Caen en 1676.

Graindorge qui, le premier, fabriqua au XVI° siècle, des figures sur toiles ouvrées, et donna ainsi l'idée des tapisseries de haute lice, était aussi un bourgeois de cette ville.

Caen, avec raison, peut s'enorgueillir d'avoir donné le jour à bien d'autres célébrités : Malherbe, Boisrobert, Huet, Malfilâtre, Choron, Auber, etc.

*
* *

En 1762, une escadre anglaise mouilla à l'embouchure de l'Orne, avec l'intention de détruire quinze navires chargés de bois de construction, destinés au port de Brest. La côte était dégarnie; un sergent des milices nommé Michel Cabieux, se porta sur la rive accompagné d'un tambour qui, bientôt, le laissa seul. — Cabieux, s'approche avec précaution d'un détachement débarqué et crie hardiment : « Qui vive! » — Puis, déchargeant son fusil, le sergent gagne de la sorte plusieurs postes sur la côte à la faveur de la nuit et d'un épais brouillard. — Arrivé pré d'un petit pont de bois, le rusé Normand, d'un ton de commandement, s'écrie : « Bataillon, silence! » et ordonne à son aide-major de prendre avec lui cent hommes, et de tourner le village pour attaquer l'ennemi en queue, tandis qu'il le chargerait, lui, en tête.

La feinte réussit à merveille et les Anglais se replièrent, mais Cabieux ne trouvant pas le mouvement de retraite assez prompt, s'empare de la caisse laissée par le tambour, bat une marche et, frappant des pieds, imite sur le pont le bruit cadencé de soldats lancés au pas de course. — En hâte, les ennemis se rembarquèrent.

Dès que le jour eut commencé à poindre, le valeureux sergent, poussant une reconnaissance, trouva sur le terrain un officier blessé qu'il emporta chez lui. — Ses compatriotes, en récompense du service qu'il venait de rendre à son pays, nommèrent Cabieux *général*, mais le Gouvernement resta muet.

Ce général « *in partibus* » mourut à Ouistreham, lieu même de son exploit, le 4 décembre 1804.

* *
*

A peu de distance de l'embouchure de la rivière, sur la côte Est, se trouve *Dives*, le port célèbre d'où partit la flotte de Guillaume, composée de neuf cents voiles.

Sur une colline dominant le bourg, la Société des Antiquaires de Normandie a fait élever un monument, en commémoration de ce fait historique.

Les noms des principaux compagnons du Conquérant sont gravés sur le marbre, dans l'église de Dives, dont l'origine remonte au duc Robert Ier.

Dives possède encore quelques vieilles constructions très intéressantes. Parmi celles-ci, « l'hostellerie de Guillaume » avec sa façade sévère, sa grande porte et ses galeries de bois précédant, du côté de la cour, les chambres destinées aux voyageurs, rappelle un peu les anciens manoirs du moyen âge.

Henri IV et Louis XIII passèrent jadis par là.

Entre Dives et Villers-sur-Mer sont les *Vaches noires*, ces curieux rochers faits de pierres, de coquillages et de terre glaise, donnant au loin l'illusion d'une série d'églises gothiques.

FIN.

TABLE

		Pages.
I	A travers le pays d'Auge	1
II	Fervacques.	15
III	Le Chateau de Mailloc	37
IV	La Houblonnière-Crève-Cœur	51
V	Fauguernon	69
VI	Le Val-Richer.	85
VII	De Honfleur a Trouville. — Le Chateau de Bonneville.	97

		Pages.
VIII	Falaise.	119
IX	Le Chateau d'Harcourt-Thury. . .	157
X	Creully-Lasson. — Fontaine-Henri.	175
XI	Bayeux.	189
XII	Le Chateau de Caen. — Dives. .	227

Paris.— Imp. PAUL DUPONT, 4, rue du Bouloi.

www.ingramcontent.com/pod-product-compliance
Lightning Source LLC
Chambersburg PA
CBHW070648170426
43200CB00010B/2157